ブランド力を高める

「指名検索」マーケティング

顧客の検索行動を決める、
動画広告の活かしかた

田部正樹
TABE MASAKI

SE
SHOEISHA

はじめに──マーケティングは経営そのものだ

本書は私がこれまでのマーケティングキャリアを通じて、もっとも大切だと考える「指名検索マーケティング」についてのノウハウ本です。ただ、検索を伸ばすという手法論の話で終わらせず、本書では事業成長に向き合い続ける中で辿り着いたマーケティングの信念をお伝えしたいと考えています。それは「マーケティングは経営そのものだ」ということです。経営目線と指名検索マーケティングはつながってくるものだということをお伝えさせていただきます。

最初に私のキャリアについてお話しさせてください。2004年に新卒で丸井グループに、07年にハウスウェディング事業を展開するテイクアンドギヴ・ニーズ（以下、T&G社）に入社し、現在のラクスルには14年に参画しました。私自身が印刷サービスの「ラクスル」をテレビCMに投下して大きく伸ばした経験から、18年からマーケティングの民主化をビジョンに掲げる「ノバセル」を立ち上げて、こちらも軌道に乗っています。もともと、大学時代に自分で商売をしていて、マーケティングというより経営そのものに興味がありました。これまでのキャリアを振り返ると、それぞれの場で学びがあったと思います。丸井での3年半は、広報や宣伝に携わりながら店頭にも立っていたので、顧客と向き合うことの重要性を学べました。

ただ、丸井ではマーケティングの4Pでいうとプロモーションを主に担当する「プロモーター」

だったのに対して、T&G社では4P全般に関わり、ベンチャーで機能も分かれていなかったので営業戦略や事業戦略にも携わって、とにかく企業価値を上げることが求められていました。この経験から「もしPLが改善しないなら、そのマーケティング施策はやらないほうがいい」といった考えを持つようになっていきました。

T&G社は経営的にかなり厳しい時期もあったのですが、前述の考え方でPLを改善し、V字回復を遂げることができました。そこで、自分のマーケティングが再現性のあるものなのか、もう一度トライしてみたいと考えました。ラクスルに入社した2014年当時の状況は、売上は一桁億円、ターゲット層への認知率は10％未満でした。大きな打ち手はWebマーケティングのみで、このままでは頭打ちというタイミングでした。それが今、22年7月期の売上高は339億8千万円（前事業年度33・1％増）と成長が加速している状況です。

●— 指名検索がビジネス成長の起爆剤に

私がマーケティング責任者としてまず行ったのは、「顧客は誰で」「顧客に選ばれる理由は何か」を決めたことです。その上で急成長を目指しテレビCMを始めました。その頃はまだスタートアップのテレビCMは珍しく、私たちのようなBtoBのスタートアップのテレビCMが当たるのか、事例がないだけに踏み込む怖さはありました。ただ、課題が認知にあることは明らかでした。ネットビジネスは検索流入量が成否を大きく左右しますが、私たちの場合は「ネット印刷」というカテゴリー自体が新しく、先行企業の社名のほうがカテゴリー名より4倍も検索されていたのです。そうすると、いくらカテゴリー内でシェアをとっても勝てません。社名の純粋想起を増やして「ラクスル＝ネット印刷」という構図を作り、「ラクスル」の検索が先行企業の社名検索を上回らないといけませんでした。そのための認知効率がもっとも高いのが、テレビＣＭだったわけです。

ラクスルの経営状況では絶対に失敗ができません。そのため、出稿料が安い地方でＷｅｂマーケティングのテストと同じように複数パターンを出稿して分析し、反応が良いものを見つけて全国へ拡大しました。小さく当てて大きくするという基本的なことをしただけだと思っています。私は1年で結果を出さなければクビという前提で入ったので、大きく勝てる戦略を立てて実行するしかなかったのです。その中で、結果的にあのタイミングでテレビＣＭに大きく投資できたからこそ指名検索数と新規注文者数が爆増し、今の当社につながったのだと思います。

●──１円に執着することの大切さ

Ｔ＆Ｇ社のとき、大幅な赤字を出し時価総額が約10分の1程度に急落した時期がありました。当時、会社の2大コストは、営業なども含めたマーケティング費と人件費の2種類でしたが、その状況でマーケティングに費用を割くのはとても厳しいです。若いウェディングプランナーが現場で必死に稼いできたお金を使って、企業価値を向上させるのはマーケティング責任者の宿命ですし、改善できないなら使わないほうがいい。そのとき、マーケティング費は「自分の財布だ」と、お金を使うことについて一気に自分ごと化しました。1円の価値も分からないままよく分からないものに投資していいわけはない、と。考えてみれば、売上5億円の会社が1億円を広告宣伝費に使うのは、年収500万円の人が100万円を投資するのと同じです。

誰のお金を使っているのかを常に考えることは、商売の原点です。投資回収を重視することにつながりますし、経営者と同じ目線にもなっていきます。マーケティング費は2大コストの1つなのだから、当然マーケティングは経営に大きなプラスを与え、企業価値を上げなければならない。「マーケティングは経営そのものだ」という言葉には、そういう意味を込めています。

大前提であり絶対的な条件は、「勝ち」を考えられることだと思います。結果を出すとかインパクトを与えるなど、自分の会社が3年後や5年後にどうなったら「勝ち」なのかを定義して、そのためにどうするかを突き詰める。これは商売の基本でもあると思っています。

私が参画した当時のラクスルなら、爆発的な成長をさせること。T&G社にいた時なら、V字回復を遂げて経営を安定させて利益を伸ばすことが「勝ち」でした。それを見据え、何年で達成するかを決めるところが経営視点を持つ出発点になります。

その次は顧客に選ばれる理由をしっかり把握できているかということです。答えは会社の中にあるかもしれないですし、なければ価値を開発することも仕事です。マーケターは「顧客に選ばれる理由」を見つける人でもあるので、それを見い出して伝わる価値に落とせることは大事な素養です。裏を返せば会社が存在している理由、企業価値を再確認することでもあります。

そして多くのマーケターの先輩方もおっしゃっていますが、顧客と向き合うことも欠かせません。ネット系サービスだと顧客に会って話を聞いたりしていない場合も多いですが、日常的に顧客の声や、まだ使っていない人の声を聞いて深層心理を探ることはとても大事です。私もラクスルのテレビCMを打ったときはカスタマーサポートの電話に出ていましたし、立ち上げ当初はテレビCM制作支援の新規事業で年間500件を回り、顧客の声をフィードバックしていきました。

描いた戦略を回せる組織を作れるかも重要です。戦略を立て、顧客に選ばれる理由を見つけることは究極的には1人でもできますが、その戦略に基づいてPDCAを回すことはできません。再現性と拡張性を組織で担保する必要があります。最後にそれらの投資対効果をきっちり見極めて意味のある頻度でKPIをモニタリングし、経営にインパクトを与え続けていけること。この4つを身に付けられたら、目線だけでなく手腕としても、まさに経営陣レベルになれると思います。

●── 可視化にこだわる人だけが生き残れる時代へ

今後はビジネスパーソンとして生き残りが厳しくなっていくと思います。2007年あたりの不況時、いちばん初めにカットされたのは、ＰＬインパクトを生み出していない施策や、明確に投資回収を説明できない人たちでした。今は持ち直しましたが、次に同等の不況が来たら、もう持ち直せないかもしれません。完全に仕事がなくなる可能性もあります。

今後はますます「可視化」できないと話にならない時代になります。そもそもＷｅｂマーケティングがここまで急速に広がった要因は「可視化できる」という点です。オフライン広告は可視化から目を背けてきました。今、広告代理店などの支援側にいる方も感じていらっしゃるかもしれませんが、事業会社の責任者や経営陣クラスの可視化へのリテラシーは上がっているので、彼らと対等に渡り合えないと仕事ができません。今自分が関わっている仕事＝投資に説明責任を持たないといけないということです。そうではない仕事は徐々に価値を失っていくと思います。

私はマーケターの価値を上げたいと思って「マーケティングは経営そのもの」と発信しています。実際、ＣＭＯ（Chief Marketing Officer：最高マーケティング責任者）はＣ職全体では末席に位置づけられながら、売上の全責任を負っていることも少なくない、非常に重い職です。自分の会社を勝たせること、勝たせ続けることがマーケターの価値を上げていくことにつながるので、共感し実践してくださる人が増えると嬉しいです。

序章

指名検索はブランドの強さを測るものさし

第1章

マーケティングで失敗する大半の理由と正しい考え方

第2章 指名検索は事業成長に直結する

第3章 「検索行動」に現れる心理がヒット率を上げる

第4章 動画広告が指名検索数を大きく伸ばす

第5章

指名検索は〝マーケティングの民主化〟へのステップ

●読者特典データのご案内

指名検索を生み出す独自のフレームワークを読者特典としてご用意いたしました。ぜひご活用ください。
読者特典データは、以下のサイトからダウンロードして入手いただけます。

https://www.shoeisha.co.jp/book/present/9784798181486

※読者特典データのファイルは圧縮されています。ダウンロードしたファイルをダブルクリックすると、ファイルが解凍され、利用いただけます。

■注意

※読者特典データのダウンロードには、SHOEISHA iD（翔泳社が運営する無料の会員制度）への会員登録が必要です。詳しくは、Webサイトをご覧ください。
※読者特典データに関する権利は著者および株式会社翔泳社が所有しています。許可なく配布したり、Webサイトに転載することはできません。
※読者特典データの提供は予告なく終了することがあります。あらかじめご了承ください。

●本書内容に関するお問い合わせについて

このたびは翔泳社の書籍をお買い上げいただき、誠にありがとうございます。弊社では、読者の皆様からのお問い合わせに適切に対応させていただくため、以下のガイドラインへのご協力をお願い致しております。下記項目をお読みいただき、手順に従ってお問い合わせください。

本書に関する正誤表、ご質問については下記のWebページをご参照ください。

正誤表　https://www.shoeisha.co.jp/book/errata/
刊行物Q&A　https://www.shoeisha.co.jp/book/qa/

インターネットをご利用でない場合は、FAXまたは郵便にて、下記までお問い合わせください。
電話でのご質問は、お受けしておりません。
〒160-0006　東京都新宿区舟町５　（株）翔泳社 愛読者サービスセンター
FAX番号　03-5362-3818

■回答は、ご質問いただいた手段によってご返事申し上げます。ご質問の内容によっては、回答に数日ないしはそれ以上の期間を要する場合があります。
■本書の対象を越えるもの、記述個所を特定されないもの、また読者固有の環境に起因するご質問等にはお答えできませんので、予めご了承ください。

序章

指名検索はブランドの強さを測るものさし

0-1

事業を伸ばすための3要素とは

新時代の極めてシンプルな新しいマーケティング

「フライドチキン」と聞くと、まず「ケンタッキー・フライドチキン」を思い浮かべる人がほとんどではないでしょうか。同じように、結婚式場を探そうと思ったら結婚情報サービスの「ゼクシィ」を、品質が良くてリーズナブル服を買いたいと思ったらアパレル大手の「ユニクロ」を思い浮かべるかもしれません。人が何か行動を起こそう、あるいは悩みを解決しようと思ったときに最初に思い浮かべる言葉やブランド。例えば、「ちょっとお小遣いを稼ぎたいな。いらなくなったバッグをネットで売ってみようか……」などと悩んだら、フリーマーケットの「フリマ」よりも先に、「メルカリ」を頭に思い浮かべるように、人の頭に思い浮かぶ悩みや行動と、商品名やブランド名がセットで記憶されていれば、自社の商品名やサービス名でダイレクトに検索されるようになります。人は、悩みや問題を解決したくて「検索」という行動を起こすからです。あなたの会社の商品・サービスと、顧客の検索行動が太い一本の線でつながるイメージを持ってください。

あなたの会社のサービス内容や商品名と検索行動がダイレクトに結びついた状態がもたらすメリットとインパクトは計りしれません。なぜなら、あなたの企業が他社と比較されずに一番に思い浮かべてもらえる、顧客から「1位指名」を受けている状態にほかならないからです。

ただし、指名されて検索される状態を満たすことは、決して容易ではありません。指名されるには当然、ブランド力を磨いていく必要があるからです。そのための戦略とはいったい何か、その問いを立てる意識を持ってマーケティングや経営戦略を押し進めることが、本書のテーマである「指名検索マーケティング」の本質です。本書には「指名検索される状態を増やすことで、事業を伸ばす」という、極めてシンプルなメッセージを込めています。

本書で述べる「指名検索」とは、自社の商品名やブランド名、企業名、あるいはそのキーワードを含んだ検索を行うことを指しています。マーケティングに一度でも携わったことのある方であれば「今さら指名検索なんて」と思われるかもしれません。しかし、現在では検索の行動そのものが大きく変化してきています。例えばテレビを視聴する際に、約6～7割の視聴者がスマートフォン（スマホ）を片手に持って視聴しているといわれています。

かつてお茶の間でテレビを見ていた時代にはなかった、新しい行動習慣を前提にマーケティングを考えないのはもったいないです。視聴者は、テレビや動画を視聴しながら、気になったスイーツや新商品を片手で検索しています。自ら調べにいく行動を取るのです。

図0-1 マーケティング活動において重要なバランス

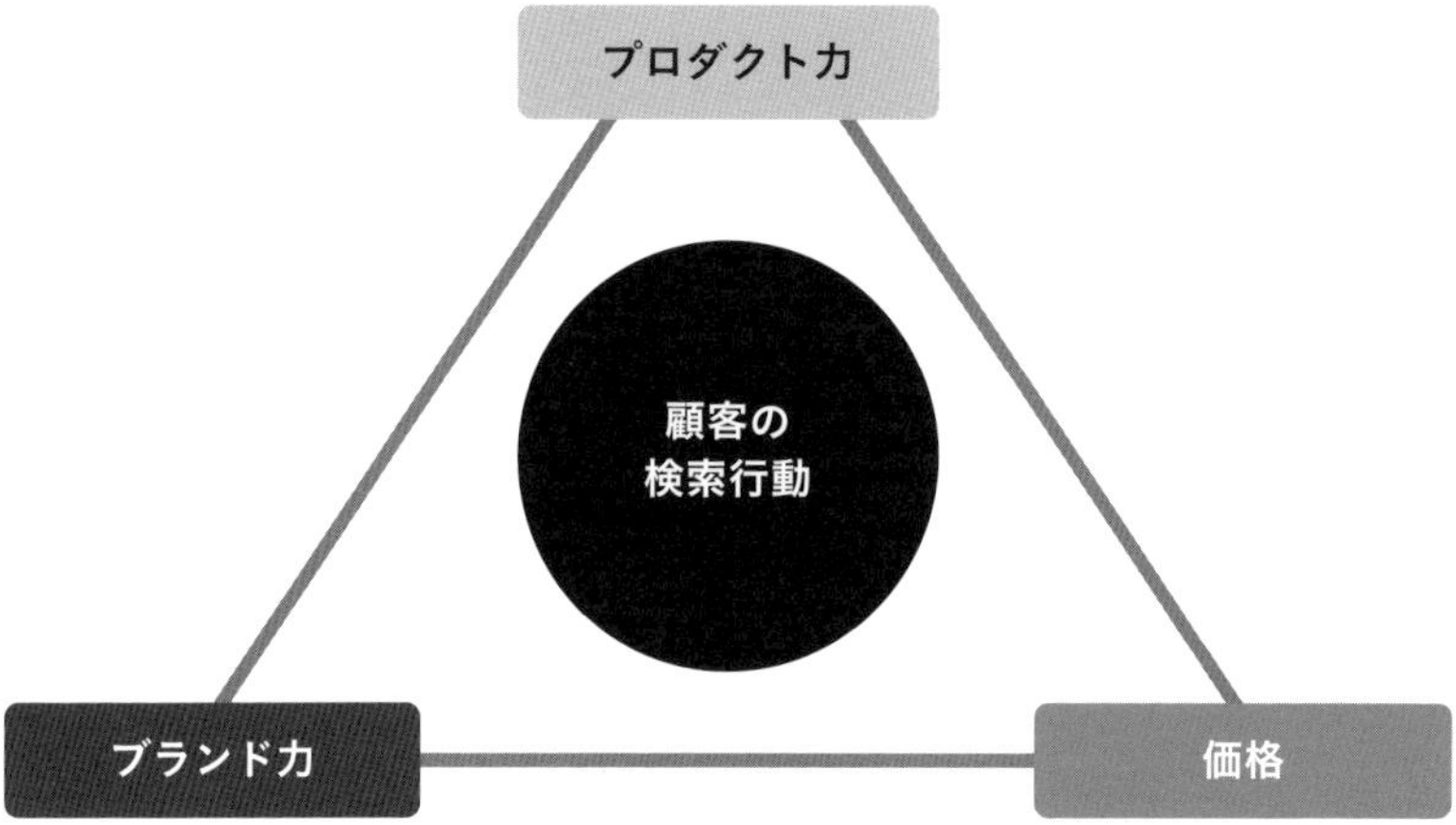

このユーザー行動を踏まえた上で有効なアプローチが指名検索マーケティングです。自社の商品やサービスが指名検索されるようになれば、圧倒的な優位性を持って注目と流入を集められます。そして、売上が伸び、事業の成長を大きく後押しできるのです。

指名検索を伸ばすことは、経営戦略そのもの

企業が行うマーケティングにおいて、プロダクト力と価格とブランド力のバランスをコントロールすることがとても重要だと考えています（図0－1）。ここでいうマーケティングとは、プロモーションや宣伝戦略だけではなく、商品開発や市場調査を含んでいます。フィリップ・コトラー氏のいうように、マーケティングとは「ニーズに応えて、利益を上げること」です。

その中でもブランド力の定義は、「好感度が高い」「イメージがいい」などとさまざまですが、私はマーケティ

ング活動において、「ブランド力＝純粋想起されること」を重要視しています。本書では純粋想起を、自由回答のアンケート調査や質問を行った際に、ヒントなしで特定のブランドを思い浮かべてもらえる（想起）状態と定義します。冒頭で述べた、「フライドチキンといえば→ケンタッキー」などが純粋想起です。

それでは、どうやってブランド力を作っていけばよいのでしょうか。その答えの1つが「顧客の検索行動を作っていくこと」、すなわち「あるタイミングやシーンで純粋想起される状況を作っていくこと」です。

いい換えれば、純粋想起を作っていく過程で見るべきもっとも適した指標が「検索行動」です。人々が何を検索しているのかに注目することで、対象顧客の行動や深層心理を分析でき、事業売上を大きく伸ばせるようになります。指名検索を伸ばすことは、経営戦略そのものといえます。

こうしてブランドを作っていくと、細かい価格や品質の差異を超えて指名検索は強い武器になり得ます。指名検索とは単なるインターネットの戦略を指しているのではなく、プロダクトや価格決定、ブランド醸成においても有効なのです。

指名検索され、ブランド力を高める3つの要素

事業を伸ばすブランド力を作るために、まず3つの要素について考えることが重要です。3つの

図0-2 ブランド力を高める3つの要素

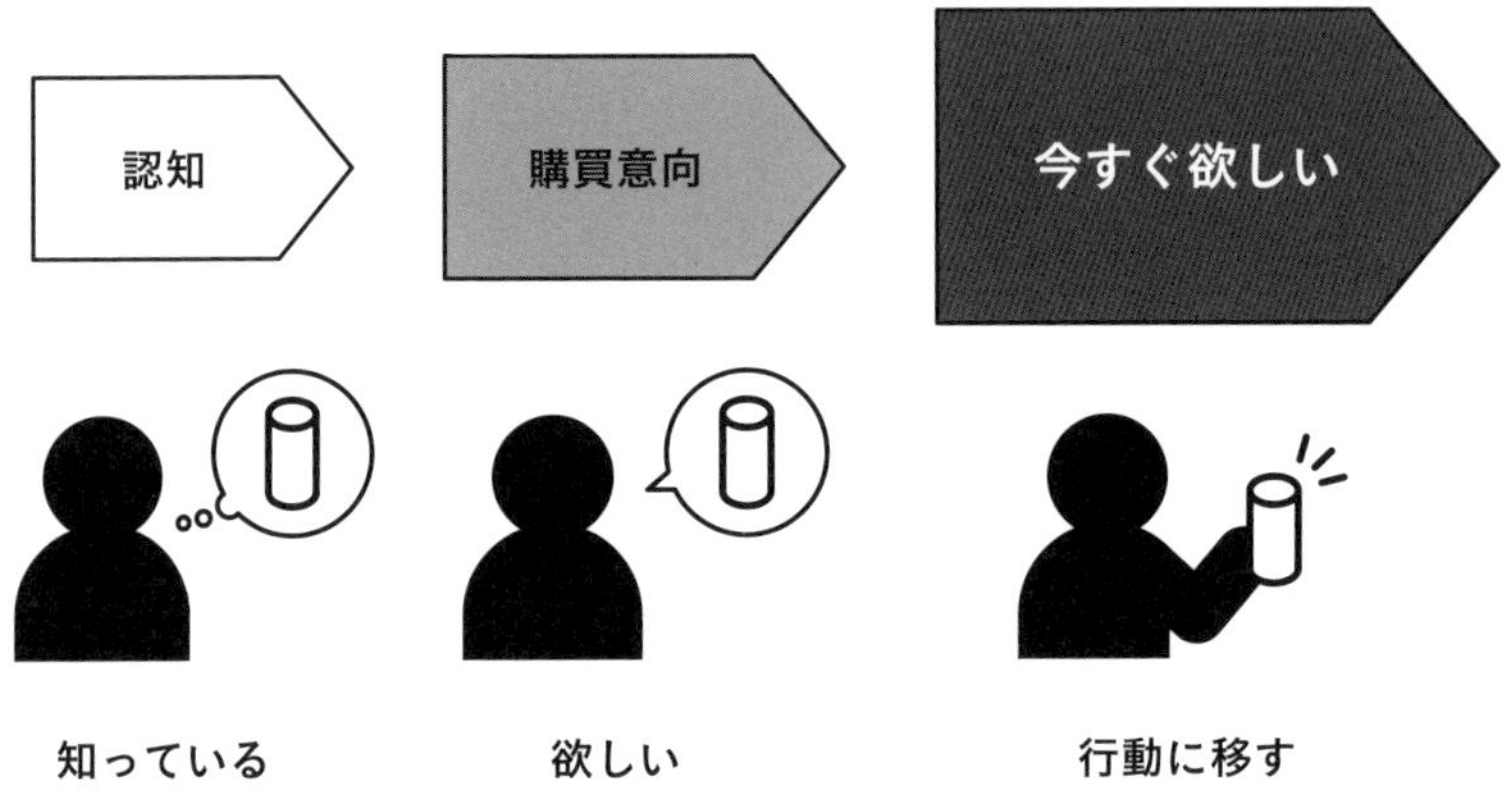

要素とは「認知」「購買意向」「今欲しいと思ってもらえるか」を指します（図0－2）。「認知」とは文字通り、商品やサービス名を知られ、存在を認められていることです。「購買意向」は、その商品・サービスを欲しいと思ってもらえる状態。最後に、商品・サービスを買ってもらえる力である、「今欲しいと思ってもらえるか」、この3つの要素のバランスを取る必要があります。

本書ではまず、純粋想起されることを目指します。その際に重要なことは、会社や事業が「何の特徴をもって想起されたいか」を決めることです。事業やサービス、商品が何の特徴や強みによって純粋想起されたいのかを決定していくプロセスを、本書ではお伝えしていきます。戦うべき場所を決めて初めて、次の段階へ進むことができます。そのフィールドでどうやったら認知を得て検索されるようになるのかが次のフェーズでの新たな課題になるのです。

0-2 指名検索が重要という結論に至った背景

「思い出してもらう」ことの意識

前職で私は結婚式関連の事業会社におり、そこではリクルートが発行している結婚情報誌『ゼクシィ』の力を目の当たりにしていました。とにかく、ゼクシィに広告を出稿しないとすべてのビジネスが上手くいかないのです。なぜなら、結婚式場を探したりプロポーズしたりしようとしている人が検索した結果には「ゼクシィ」が表示されるからです。これは結婚式を挙げようとしている人がまず真っ先に「ゼクシィ」と検索していることを意味します。この無双状態に達すると、他の結婚関連会社がどんな施策を打ってもあまり結果を出せない状態になってしまいます。

その経験を踏まえて、ラクスル入社後、どうにか「ラクスル」と指名検索されるようにならないか策を練りました。ラクスルは全国の印刷会社と提携して、ネットで簡単に印刷物を注文できる印刷通販サイト「ラクスル」を運営しています。２０１４年に私が入社した当時は、まだ売上が少なく、先頭を走っている競合他社との売上の差は30倍近く。最後発で参入し、巨人の背中を追いかける立場でした。その状態で、広告などで「ネット印刷ならラクスル」とだけ熱心に伝えても、認知がすでに取れている企業がほかに存在するのでまったく対象顧客に対して響きません。

そこで私たちは、ネット印刷ではなく「チラシ印刷」ならラクスルと打ち出しました。「ネット」だと幅広くて、イメージも湧きにくい。何でもやってくれそうですが、何をしてくれる会社なのかはよく分からないんです。しかし、ネット印刷をやったことがない人にはピンと来なくても、チラシ印刷ならすでにやったことがある人は多い。そこで、ラクスルでは最初のテレビCMでネット印刷とは一切謳わずに「チラシ印刷が安いラクスルです」とメッセージを伝えました。マーケティングの基本である「誰に（ターゲット・対象顧客）」「何を（プロダクト・強み）」に照らし合わせると、「商売をしている人たち」に向けて「チラシ印刷の安さ」を訴求しました。

重要なことは、そのCMの対象顧客の日常の中で思い出してもらうことです。小売店や中小企業などがチラシの発注をかけたい、その1週間に何度かあるタイミングにチラシ印刷＝ラクスルを思い出してもらうことを狙ったCMを制作しました。ここで注意したいのが、思い出してもらいたいのに聞いたことのない単語を組み合わせて「ラクスルテクノロジー」「最先端のネット印刷」といっても理解されないし、イメージも湧きません。イメージが湧かないと検索もされない。ネット印刷の会社なのに「ネット印刷」という言葉を一切使わずに、チラシ印刷に振り切った提案をしているから、週に何度か発注するタイミングで思い出してもらえるようになったのです。

0-3 指名検索は「認知×購買意向×今欲しいと思ってもらえるか」の強さの掛け合わせである

● 認知を強化するだけでは何も変わらない

先述の通り、ブランド力を高め、指名検索を伸ばすには「認知×購買意向×今欲しいと思ってもらえるか」の強さの掛け算が必須です。認知だけを広めても、検索行動は動かないのです。例えば、認知を広めようとサービス名だけを音楽とともに10回連呼しているようなCMや動画広告。有効に機能する場合もありますが、まだ誰にも知られていない段階では有効ではありません。私たちもラクスルを伸ばしていくフェーズでさまざまな施策を試しましたが、「ラクスル」と連呼するだけではまったく検索されませんでした。視聴者は興味がないからです。

認知は100％あるのに検索されないブランドはたくさんあります。覚えているけど興味を持たれないのです。検索されるには認知だけではダメで、興味を持ってもらえることが重要です。

●— 戦う場所（勝てるフィールド）を見極める

どのようなタイミングで消費者に自社の商品・サービスを思い出してもらえるか。これを考えることは指名検索されることを目指すにあたり、重要なポイントです。自分たちの商品やサービス、企業名を知りたいと思ってもらうことが、検索行動を設計することの本質です。興味を持ってもらって、検索したくなるような設計を考えるのが、指名検索マーケティングの手順です。

そのためには、広すぎず、狭すぎない検索ワードを選定し、自分たちが勝てるフィールド、つまり戦う場所がどこなのかを見極めることがとても重要です。戦う場所を見極めるには当然、商品・サービスを誰に届けるのか（対象顧客）、商品そのものの何を強みとするのか（プロダクト力）の掛け合わせで選ぶ必要があります（図0-3）。

戦う場所の見極めが重要な理由は、あなたの企業や商品の対象顧客が、普段行動をしているタイミングに商品やサービスを思い出してもらうインパクトを残すためです。例えば、「美味しい水のペットボトル」では絞りきれずに想起されづらいでしょうが、「環境に優しくて潰しやすいペットボトルの水」といわれたら、「い・ろ・は・す」が思い浮かぶのではないでしょうか。

ポジショニング戦略ともいわれるこの考えを前提にして、戦う場所における対象顧客や、プロダクト力を「決める」ことが重要です。例えばスマホといえばすでにiPhoneがありますが、もしか

図0-3 戦う場所の見極め

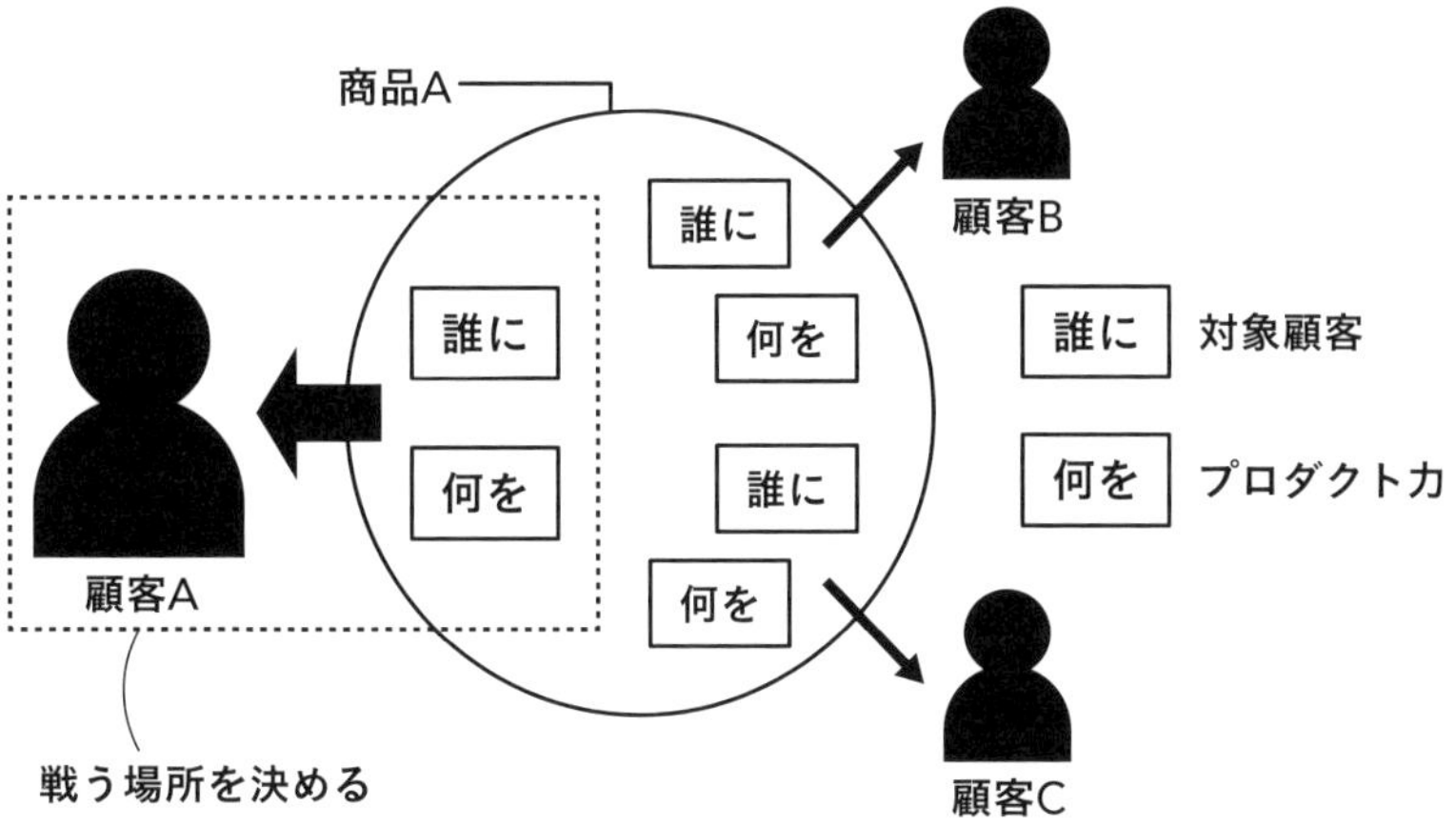

商品・サービスの中に複数存在する「対象顧客」「プロダクト力」から戦う場所を決める

したら、小学生向けに操作が簡単でセキュリティ性能も高い、格安のスマホを販売したら、iPhoneに勝てるかもしれません。これは、対象顧客とプロダクト力を絞り込む戦略です。

ラクスルの場合は、チラシ印刷に加えて「印刷代が1枚1・1円」である点を訴求しました。価格訴求によってインパクトを出した点も、購買意向を高められた重要なポイントになっています。

「チラシ印刷ならラクスル」という戦う場所をまず決め、「1枚1・1円、業界最安値ポジション」を購買意向の理由付けとしました。印刷代は一般的に1枚10円ほどですが、積もり積もると高額になり、特に中小企業の方にとっては販管費を大きく左右します。「ネット印刷ならラクスル」とは謳わなくても、この1・1円という価格はネット印刷でしか実現できないほどの低価格です。ラクスルのチラシ印刷の対象顧客は店長やオーナーの方が多く、会社の経営をしているのでコピー代は1円でも下げたいし、印刷費に月額いくらかかっているのかも把握しています。そういった方々に向けて、チラシ印刷を訴求するという戦う場所の選択が、上手く刺さりました。

このように、戦う場所、つまり対象顧客とその人たちにとってのプロダクト力を決めて、競合にも勝てるような商品を作っていきます。その上でプロモーションを打つことで、自社の商品やサービスの認知が向上し始めます。純粋想起を作っていくことが、指名検索マーケティングを発展させていく際の大きな流れです。

序章

0-4 指名検索を獲得するために欠かせない動画の重要性

強力かつ効果的な動画広告

本書では指名検索の重要性を深く知っていただき、戦う場所を決めて、その上で認知と購買意向、今欲しいと思ってもらえるかを3段階で決めていく手順をお伝えしていきます。この3つはばらばらに、1つ1つを顧客に伝えるのでは効果がないことは、すでに説明しました。

この3つをオールインワンで顧客に伝えられる、強力な伝達手段が動画です。「なぜチラシ印刷ならラクスルなのか。その理由は安いからです」といったメッセージやサービス名を文章だけで説明しようとすると、長くなってしまいますし、説明も難しい。指名検索されるための3大要素を1つのコンテンツの中で伝えるには、動画がもっとも優れているといえます。音声に加えて、画面上には文字と動画が流れますから、対象顧客へのイメージの定着にはうってつけです。

Webのバナー広告などの静止画で同様の打ち出しを行おうと「チラシ印刷ならラクスル。その秘密は安いからです」とチラシの画像とともに伝えても、あまり伝わりませんし、魅力的に感じてもらえません。

●──ながら見をしている視聴者の存在

ここまでに、どういう場所、どういうシーンで思い出してほしいかが重要だという話をしてきました。動画広告なら、コピー機が稼働しているシーンを入れられます。「どこの場所で思い出してほしいか＝戦う場所を決めること」は非常に重要です。今の視聴者はテレビやNetflix、YouTubeで動画をモニターで見ながら、片手にはスマホを持ってながら見をしています。動画を見ると同時に、興味があれば検索行動をします。興味を持ってもらえる動画さえ作ることができれば、その場で検索行動を促せます。

逆にいえば、動画広告で伝えられないと純粋想起にたどり着きづらいということです。動画広告を作ることはすなわち、どの場所で思い出してほしいかをもっとも伝えやすいメディアを作ることにつながります。

「知りたいことを検索する」行動と、「どの場所で思い出してほしいか」は、必ずセットで結びついているといっても過言ではありません。そのためには、より簡単でより早く理解してもらえるコミュニケーションの設計が必要ですし、動画の冒頭部分にいかに惹きを作れるかも重要です。ながら見、いわゆるダブルスクリーンを前提にした動画広告の考え方は第4章でお伝えします。

第1章

マーケティングで失敗する大半の理由と正しい考え方

1-1 マーケティング＝プロモーションという誤解

マーケティング戦略の4P

　マーケティングとは商売そのもののことで、継続的に事業成長させることを指します。「顧客が本当に求めているものを見抜くことができる」「顧客が求めるものを提供する」――これらが本来あるべきマーケティングです。ところが日本では長い間、「マーケティング」という言葉がプロモーションの意味で使われてきました。プロモーションは、自社商品やサービスを広く知ってもらうために行う宣伝・販促活動の全般を指しますが、これはマーケティング活動の一部にすぎません。現在でも、過去の名残でマーケティング＝プロモーションの誤解はまだ解けていません。誤解したまま販促活動やプロモーションなどの手法のみに予算をかけても、無駄な投資を続けることになるでしょう。

　しかも、多くの日本企業にはマーケティング部がありません。プロモーション部あるいは広告宣伝部があるだけです。日本企業ではマーケティング活動が細分化されていて、商品開発は商品開発

第1章

表1-1 マーケティング戦略（4P）と担当部署

マーケティング戦略（4P）	担当部署（現状）	担当部署（本来あるべき）
Product（プロダクト／商品）	商品開発部	マーケティング部
Price（価格）	経営層	
Place（流通／販路／販売チャネル）	営業部	
Promotion（プロモーション／販売促進／広告宣伝）	宣伝部（マーケティング部）	

部が行い、宣伝部はプロモーションに特化しています。一方、欧米企業やマーケティングに秀でた企業であれば、4Pのすべてが1つの組織内で一気通貫に行われています（表1－1）。

なぜ日本ではマーケティングが細分化され、その中でもプロモーション部門が強いのかというと、やはりものづくりの国だったことが理由として大きいのだと思います。1980年代から90年代は、世界初のポータブル音楽プレーヤー「ウォークマン」が誕生したエピソードに象徴されるように、かつては日本製品が世界中を席巻し、優れた商品が次々と生み出された時代でした。当時は絶大な商品力を持っていたため、機能だけで大きく差別化されていました。その状態においては、商品ロゴやテレビCMのキャッチコピーなど、プロモーションの違いで差別化を図ることが重要だったのです。

こうした時代を経て、日本ではプロモーションに特化した組織構造が作られ、マーケティングへの認識やイメージを形成してきたと考えられます。その名残で、現在もテレビCMなどのマスマーケティングや、Ｗｅｂマーケティングだけが「マーケティング」と同義に語られ、まるでもっとも重要な要素であるかのように認識されているケースが多く見受けられます。しかしマスマーケティングやＷｅｂマーケティングはあくまでマーケティング活動の中の1要素です。４Ｐの戦略を総合的に練ることで初めて、真のマーケティング活動になり得るのです。

●― プロモーションより「求められる商品を作る」のが先

マーケティング活動を成し遂げるためには、４Ｐのすべてにおいて戦略を練る必要があります。まずは、①商品・サービスの開発に戦略を持つこと、つまり選ばれる商品を作ることを考えます。次に、②その商品の価格、どの場所で売るのかを決め、最後に③プロモーション戦略を決めます。この順番がとても重要です。

先ほどから本来あるべきマーケティングの定義を繰り返し強調している理由は、「時代が変わったから」です。現在は「良いものがすべて揃った状態にある時代」といえます。例えば、20年前と比べると、美味しくない飲食店はかなり少なくなったと感じませんか？　コンビニの弁当もコーヒーもすごくレベルが上がって美味しくなりました。当時は携帯電話に画素数の少ないカメラ機能が新しくついただけで、テレビCMで訴求するほどのセールスポイントになりましたが、今はほぼ全機種に高性能のカメラが標準装備されています。

このように、商品やサービスが一定以上のレベルに達している現代では、商品そのものを改良するか、使ってもらうシーンを限定してユースケースを提案するか、魅力を再発見するしかありません。いまやプロモーション活動を頑張って認知だけを広げようとしても商品の違いが理解されず、玉石混交の中ですべてが同一に見られてしまい、記憶の奥底に埋もれてしまう時代なのです。

本書で提唱している指名検索マーケティングにおいて、検索されるためにもっとも重要な要素は「売れる商品を作ること」、すなわち「顧客から求められる商品を作る」ことです。「顧客から求められる商品」には、「ポジショニング（戦う場所）を変えることで求められるようになる商品」、あるいは「自分たちで気づいていない強みを再発見することで売れる商品」も含まれています。

プロモーションだけに力を入れても指名検索数は伸びない

顧客から求められる商品を作ることは、検索されることと同義です。本書では「動画広告に力を入れればいい」という表面的なメッセージを伝えたいのではありません。プロモーションをひたすら展開し、届けたい人に届ける手段だけをひたすら考え続けても、指名検索数は伸びません。検索行動には面白いくらいに、認知と購買意向、潜在ニーズが如実に反映されるからです。検索は嘘をつきません。しかし残念ながら、先述の通りプロモーション活動だけを熱心に行っている企業が多いのも事実です。極端な場合、サービス名だけをひたすら連呼し続けることで、認知だけは広がりますが、売上にまったく結びつかない事例も散見されます。「プロモーションだけを頑張っていれば、指名検索数は伸びる」と誤解している人もとても多く見受けられます。しかし、プロモーションだけを打ち続けても指名検索は上昇しませんし、意味もありません。

「マーケティング＝プロモーション」という誤解を解くには、可能であれば4Pすべてを統括するCMOや社長の立場の人が、本来の意味でのマーケティング戦略を4P全体で考え、活動を遂行するのが理想です。顧客が求める商品をまずは作り、それが魅力的だと伝えて知ってもらうことで初めて、企業名や商品・サービス名が指名され、検索数が上昇を始めるという構造になっています。

以前よりも現在はマーケティングの難易度は高くなってきているといえるでしょう。しかし、その現実に向き合いながら認識をアップデートしないと、検索されずビジネスも伸びなくなってしまうのです。現在において検索と消費行動はセットで行われます。良い商品を作っただけ、プロモーションに力を入れただけで上手くいくこともありません。すべてを織り混ぜて決めていくことで初めて、事業が成長すると認識すべきです。

1-2

顧客理解ができずに無駄なお金を使い続ける

●━ 顧客理解は雲をつかむような話なのか

「マーケティング活動において、顧客理解がとても重要です」と分かっていても、ほとんどの人が顧客理解を深める行動ができていません。その最大の理由は、いったいどの顧客を理解すればいいのか見当もつかないからだと考えます。一般的に企業の顧客数は、1万人から多くて100万人以上の単位になります。すると、いったい誰の何を理解したらいいものか、と雲をつかむような話に思えてしまうんですね。そのため、一向に顧客理解が進みません。

また、よくあるのが広すぎるターゲット属性です。調査会社の調査を通じて、あるいはWebのアナリティクスから得られるデータに基づいて「自社の主要な顧客層は30代〜50代の男性」と抽出しても、30歳と59歳の男性はまったく違う属性を持っています。こうした年齢や性別の分類だけでいざ商品開発を行おうとしても対象顧客のピントがぼやけてしまい、この世に存在しない人物像を意図せず作り上げ、イメージを持ちづらくなってしまいます。あるいは、顧客100人をランダム

図1-1 ロイヤルカスタマーが占める割合

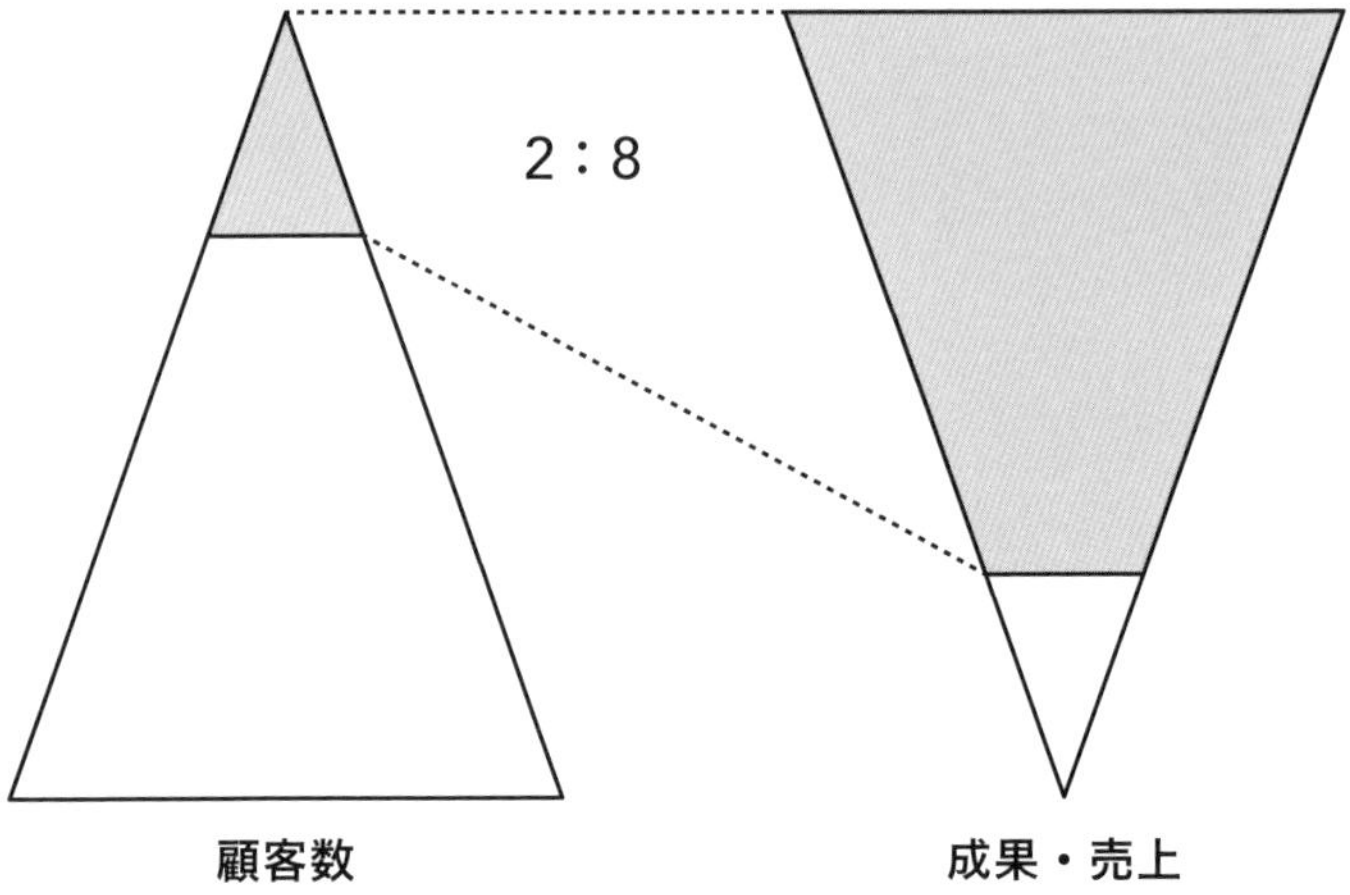

に選出してアンケートを取っても、なんだかよく分からない結果が得られるだけでしょう。これらのアプローチ方法には限界があります。

●——顧客理解はロイヤルカスタマーから始める

顧客理解を深めたいのに八方塞がりの状態に陥ったらおすすめなのが、「あなたの会社がもっとも大事にしたい顧客の声」を聞きにいくことです。ロイヤルカスタマーとも呼ばれる、もっとも収益をもたらしてくれる人にフォーカスしてみてください。

ロイヤルカスタマーを見つける際に参考になるのが「顧客の偏り」です。これは、顧客全体の20％を占めるロイヤルカスタマーが、80％の売上を作るという法則です（図1-1）。すべてのケースでこの法則が当てはまるわけではありませんが、多く見受けられるパターンで、大抵の場合は顧客に「偏り」が見られます。例えばソーシャルゲームなどのスマホ用ゲームのアプリの場合、極少数のコアユーザーが売上の大半を作っていることで、大半のユーザーは無料で遊べることが知られています。

さまざまな種類の顧客が、まんべんなく広くいろいろな商品を購買してくれるようなケースはまれです。その事実を理解したら、1万人を理解しようとする発想をまずは捨てて、1人2人に絞り込んで向き合い、深掘りしてみてください。誰が使い続けてくれているのかを見極め、商品・サービスを使い続けてくれる、常連のような象徴するたった1人を確実に理解しにいくことが、顧客理解に大きな前進をもたらします。30人に質問するより、その1人に30の質問を投げかけたほうが有益です。

ロイヤルカスタマーを象徴する人を見つけたら、次の2つのことに注目します。

- **ロイヤルカスタマーはなぜその商品・サービスを選んでくれているのか**
- **「なぜ選んでくれているのか、その理由」を会社は理解しているのか**

経営層からマーケティング部、商品開発部まで、大抵の場合「なぜ選んでくれているのか」の真の理由を理解していません。なぜかというと、売り手の想像もつかないような領域にまでロイヤルカスタマーが達していたりするからです。ロイヤルカスタマーは、自分なりに商品やサービスの良さを見つけ、工夫して長く使ってくれているものです。

使用頻度が1、2回ほどの人は、なんとなく感覚的に「流行っているから」のような理由で使っているケースもあります。その一方で何十回、何年間と使ってくれている人には、確固たる理由があります。その事実をまずはつかみにいってください。その理由はその人にしか当てはまらないということはありません。本来はもっと多くの人たちに伝わるべき「真の価値」であるケースはかなりあります。

●─自分たちだけでは気づけない自社商品の価値

ラクスルがまだ「チラシ印刷」にたどり着く前、ロイヤルカスタマーにヒアリングをした際に「ラクスルは24時間注文を受け付けてくれるところがいい」という意見をいただきました。しかしラクスルはインターネットビジネスなので、「24時間対応」は当たり前のことです。そのため、アピールポイントとして特に謳う必要もないと考えていました。しかし、また他のロイヤルカスタマーに利用理由を聞くと「断然、24時間対応です」と、やはり24時間受付を大変評価してくれていました。24時間受付が好評な理由を探ると、中小企業の多くは「20時頃に仕事が終わることが多く、21~22時からやっと自分の事務作業や印刷の発注作業が行えるようになる」と言うんです。しかし「いざその時間に印刷物を発注しようと思っても、街の印刷屋さんはすでに閉店している時間。24時間対応はありがたい」ということでした。

ロイヤルカスタマーへのヒアリングによって、21時以降も発注できることがネット印刷で求められる利便性であり、使い続けてもらっていた理由の1つだと発見したのでした。私たちにとって24時間受付は当たり前のことで、その重要性に気が付くこともなく、それまでの広告では一切、訴求していませんでした。この「選んでくれている理由」を知って以降、訴求ポイントを「24時間受付」にして宣伝すると、目に見えて効果が出ました。

企業の商品・サービスを購入してくれているロイヤルカスタマーと真摯に向き合う。ここに顧客理解の大きなヒントが隠れています。ロイヤルカスタマーに聞くことで、自社の魅力や強みを再発見できることは少なくありません。

序章では「戦う場所や選んでもらえる理由を自分たちで作るべき」とお伝えしました。しかしそうはいわれても、どう作ったらいいのか悩むこともあるでしょう。その答えを自分たちが持っているとも限りませんが、ロイヤルカスタマーならすでに答えを持っています。

●── 無駄なお金を使い続けないために

逆の見方をすれば、顧客を理解しないまま放置すると、無駄にお金を使い続けることになります。「30～50代、都心に住んでいるファミリー層」のような曖昧なターゲットの区切りでは、対象ではない人にまで訴求するような商品を作ってしまい、広告に無駄なお金を使い続けることになります。

ファストフード大手の日本マクドナルドは以前、健康志向の日本の客層に合わせた「サラダマック」を販売したことがあります。顧客調査に基づいて満を持して発売した新商品でしたが、まったく売れなかったようです。世間一般ではヘルシー志向でも、マクドナルドが好きな人々がマクドナルドに求めていたのは健康食品ではなかったのです。健康的な食事を食べたいという調査結果は出ていても、それはマクドナルドに対してではなく、ユーザーが日頃に感じているだけのなんとなくの感覚でした。世間のぼんやりとした声に合わせただけでは、マーケティングは上手くいかないという事例の1つです。

なぜ、顧客調査をしたはずなのに、ぼんやりとした声に合わせてしまったのでしょうか。そもそも、顧客調査でよく行われるのがグループインタビューと呼ばれる手法です。顧客に近しい人を会議室に複数人呼んでインタビューし、調査を行います。手法にもよりますが、グループインタビューでは商品やサービスの潜在ニーズをあまり引き出せないと考えています。

なぜなら、今まで一度も調査対象の商品を買ったことがない人に向けて「この商品のコンセプトをどう思いますか？」などと質問しても、正しいコンセプトかどうかを判断することは難しいからです。むしろ、普段の購買行動に比べて、必要以上に論理的・理性的あるいは批判的に考えてしまう恐れがあります。

人間が何かを判断する際、常に論理立てているとは限らず、非論理的な無意識の行動が必ず作用しています。他人の目が存在する複数人へのインタビューであれば、見栄を張った発言をしてしまったり、無意識に自分に嘘をついてしまったりする言動も起こります。健康的な食事を摂りたいというのは虚栄心で、本音では「健康なんて気にせずにジャンクフードを食べてガツンとした刺激を得たい。そんなときにマクドナルドへ行きたい！」と思っているかもしれません。

いずれにしても、あなたの会社にもっとも利益をもたらしてくれている顧客が、あなたの会社に何を求めているのか、なぜ選んでいるのか。その理由を理解することから真のマーケティング活動のすべてが始まります。

もちろん、いざロイヤルカスタマーに質問をしてみると、上手く言語化された答えを得られないこともあります。しかし、顧客とのズレを放置しておくのは大きな機会損失です。粘り強く毎日のように向き合いましょう。選ばれる理由さえ理解できれば、その後は自分たちなりの方法で戦略を練っていけばよいのですから。

●─「手段」を優先して「誰に」「何を」を考えない

ロイヤルカスタマーを訪ねて顧客理解を進めていくと、「誰に（対して）」「何を（どんな商品やサービスの価値を）」提供するべきかが見えてきます。「誰に」は、戦うフィールドのことで、その人がなぜ買ってくれているのかという理由こそが「何を」に当たり、ここからすべてが始まるというのは、これまでお伝えしてきた通りです。

その先のステップでは、ロイヤルカスタマーを増やすための施策を強化するか、まったく違う人を増やしたいのであれば、別の「何を」を作りにいきましょう。「誰に」「何を」を検討する段階では、まだプロモーションについて考える必要はありません。

多くの企業のマーケティングを支援していると、手段を優先して広告予算を先に決めてしまうケースが散見されますが、この進め方は推奨できません。例えば、テレビCMに予算を〇〇円、Web広告には〇〇円と、先に予算を立てて手段を決めてしまう。また、テレビCMで流したクリエイティブをそのままWeb広告に流用しているケースも多いのですが、本来であれば「誰に」「何を」の戦略次第で、その内容と予算配分を分けて決めるべきです。しかし実際は、予算が決まったあとから「誰に」「何を」の内容を強引に決めているケースが見受けられます。

1-3 これだけは避けたい失敗事例：再現性のない手段優先の思考

●― 潜在ニーズを見極めよ

ラクスルで手段を優先した失敗事例ももちろんあります。「チラシ印刷での成功」のあとに、ポスターやパンフレット印刷でも同様の戦略を立てて、横展開をしていきました。当時はまだ、戦う場所に対して広告資金を投入し、認知を広げれば勝てるものだとばかり思っていました。しかし、まったく上手くいきませんでした。

なぜなら、対象顧客である中小企業のオーナーがそれらの商品をあまり求めていなかったからです。自社が打ち出したい商品をいくら売りつけようとしても、顧客が求めているものでなければ売れません。顧客の姿が見えておらず、求められているニーズを理解しないままに戦う場所を決めて、求められているのかも分からない商品を売り始めても、上手くいくことはありませんでした。

この事態は、ビジネスシーンで頻繁に見られる現象です。まず、次の2つが揃っているかを車の両輪として捉えてください。両方が合わさっていないと機能しません。

● 対象顧客が求めている潜在ニーズの見極め
● その対象顧客から求められている価値を提供する商品・サービス

表面上の発言には出てきていないけれど、心の奥底に隠れている潜在ニーズは何なのか。これをマーケティング用語で「インサイト」といいますが、ここに刺していくことをまず検討してください。必ずしもニーズが顕在化されているとは限りませんが、まったく求められていない価値訴求はやめておくべきです。対象顧客が求めていないものを提供しても売上は伸びません。また、自社サービスではカバーできないような、対象顧客ではない人たちに向けて商品・サービスを作って届けようとする場合も、同じく売上は伸びません。

ポスターやパンフレットなどの印刷の市場規模は十分に大きいですし、世の中に求めている方はたくさんいます。しかしラクスルがこの商品を提供し始めたフェーズは、お客様に十分な品質の商品を提供できておらず、売上は伸びませんでした。価格訴求も通じず、返って価格訴求が品質の低さを訴えてしまう悪循環。これは商品そのものを変えていく必要があったケースで、対象顧客ではない人たちに向けて求められていない商品を届けようとしていた、良くない事例です。

いずれにしても、顧客側とプロダクト側、両方が交わるポイントを両サイドから探しにいくようなイメージを持っていただければと思います。

繰り返しになりますが、失敗する大半の事例では「御社が顧客に選ばれている理由を理解していますか？」の質問に答えられていません。また、顧客に選ばれている理由が分かっていたとしても、「その選ばれている理由をどれだけの人に伝えられますか？」の質問に答えられない人・企業も、やはり上手くいくことは難しいです。「誰に」「何を」が明確な戦略として設定されていないと失敗が多いのです。その落とし穴にはまり、私たちも失敗しました。しかも当時は、「パーセプション」を作れると考えていましたから、余計に遠回りしていたことになります。パーセプションには「認知」「知覚」などの意味があります。一般的にはマーケティング用語で「認知を超えて、価値を知覚されている状態や認識」のことで、購買意向を左右する大きな要因とされています。

しかし今は、企業が自分たちの力でパーセプションを作りにいくことは大きい予算がないと難しく、長い時間軸で見ることが必要になります。

●—「パーセプションを作る」は大量資金がないと不可能

パーセプションを作るとは、世の中にすでに存在するニーズの周辺領域を創造しにいく行為と同義です。もちろん、100~200億円という資金力があれば、スマホ決済サービス「PayPay」のケースのように、QRコードで決済を行うというこれまでになかったパーセプションを作り出せます。また、パーセプションはお金がなくても作り出せると主張するマーケティング理論の主張もありますが、いずれにしても莫大な資金を持つ限られたプレーヤーでないと難しいでしょう。

例えば電動キックボードシェア／シェアサイクルアプリ「LUUP（ループ）」は、新しい移動の手段を提案しているサービスです。非常に素晴らしい志と取り組みだとは思いますが、「車やタクシーによる移動の代わりに、電動キックボードをライドシェアすると、さらに便利です」と、これまでの常識を塗り替えるような新しいパーセプションを世間一般の人が広く持てるようになるまでは、10年スパンの期間と資金が必要だと思われます。

これまでならば、パーセプションを一気に塗り変えられる商品が存在できました。フィーチャーフォンからスマートフォンへと一気に変わるきっかけとなったiPhoneも、パーセプションを変えた1つの事例です。テスラもそうでしょう。世の中にニーズが存在するのかも初めは分からない商品を良いものだと信じて、プロダクトアウトで提供する。こうしたアプローチをする時代は長かったですし、これまではそれでもヒットが生まれました。

ところが、このような商品・サービスは現在、もうほとんど作ることができません。あらゆる商品やサービスが出尽くして差別化ができなくなり、飽和状態の現代は、「このサービス、良いでしょう？　新しい行動を始めてみませんか？」と訴求しても振り向いてもらいにくくなりました。成功事例も少なくなっています。

そうであるにもかかわらず、多くの企業――特にスタートアップの経営者はパーセプションを作ることに挑戦しようとします。つまり起業時のビジョンやパーパスに沿って、世の中の行動を変え、新しい行動を作っていきたいと意欲を持っています。その意欲は非常に重要ですが、それは未来の理想です。今現在そのようなニーズは存在していません。よって、検索もされないのです。

●―もともと存在する潜在ニーズに訴求する

指名検索マーケティングを実践していく上でも同様に、顧客の行動を変えようとするのではなく、もともと顧客の持つパーセプションに対して商品を提供していくことが重要です。ラクスルの成功事例は「24時間発注がしたい」「チラシ印刷は安く済ませたい」という、顧客の商習慣や声に耳を傾けて、商品価値を訴求しただけにすぎません。商品の強みや構成などはまったく変えていないにもかかわらず、この手順を踏んでから売上が伸びました。もし「もうコピー機での印刷をやめよう。ネット印刷ならラクスルで！」と宣伝していたら失敗していたはずです。新しい行動を促しても、刺さらないからです。顧客がもとから持っている潜在ニーズに対して訴求するほうが、断然再現性は高いのです。

時代は変化したにもかかわらず、いまだに多くの起業家が鮮やかで革新的なアイデアに憧れています。しかし、人の認識や行動のパーセプションを変えるには、相当の時間とお金がかかることを

第1章

覚悟しなければならないでしょう。パーセプションを作るという長期的な理想と目的を持つことは必要ですし、否定しません。しかし、まず一旦は別のアプローチを採用してみるのはどうでしょうか。潜在ニーズの中にすでに存在しているパーセプションに対して商品を提供していくアプローチならば、どの企業でも可能だと考えています。

短期的なキャッシュを得る意味でも、まずやるべきことはユーザーから検索されて購買されることのはずです。それには、今そこにある潜在ニーズに訴求していく必要があります。今はニーズがないけれども新奇性のある商品、新しい行動を提案するようなサービスはなかなか検索されないことを念頭に置いた上で、自社の提供する価値と顧客が求めている価値の交わる点はどこにあるのかを探ってみてください（ここを間違えると、とたんに検索されなくなってしまいますので注意が必要です）。

繰り返しますが、「戦う場所」を絞っていかないと、太刀打ちができない時代へすでに突入しています。その前提を意識しないと、決して検索につながらないのです。単なるコーヒーではなく、「朝専用のコーヒー」のようなアプローチです。「コーヒーといえば？」と聞かれても思い浮かぶ商品が多すぎます。ところが朝専用といわれれば1つの商品が思い浮かぶのです。誰に届けたいのか、対象顧客を絞るのが1つのアプローチ方法です。

第1章

1-4 ブランドイメージとポジショニングは〝検索行動〟を見よ

●— 検索行動は時系列で競合やカテゴリーとの比較を追える

では、実際にどのように検索行動を見ていけばよいのでしょうか。ノバセルでは検索行動を分析できるヤフー社のツール「DS.INSIGHT」を活用しています。このツールを活用することで、時系列を追って分析でき、指名検索されるボリュームと、その前後で同時に検索されたワードを調べることができます。「指名検索の前後でほかにどんなワードが検索されたのか」を調べると、ユーザーの本音が窺えるので、事業・サービス名の認知の現在位置や競合となるカテゴリーが丸裸になります（図1-2）。例えば「ラクスル」と検索された日を境に、その前日と当日、翌日に何のワードが多く検索されているのかといった関連性がすべて分かります。

2014〜15年頃は、「ネット印刷」と検索されてからだいぶ後ろの順番に「ラクスル」が検索されていました。つまり、ユーザー（行動の集計データ）はほかのさまざまなワードを巡りながら検索を続け、比較を重ねた末にやっとラクスルにたどり着いていました。検索上のユーザーの行動は匿

図1-2 検索ワードの時系列で競合他社やカテゴリーワードが分かる

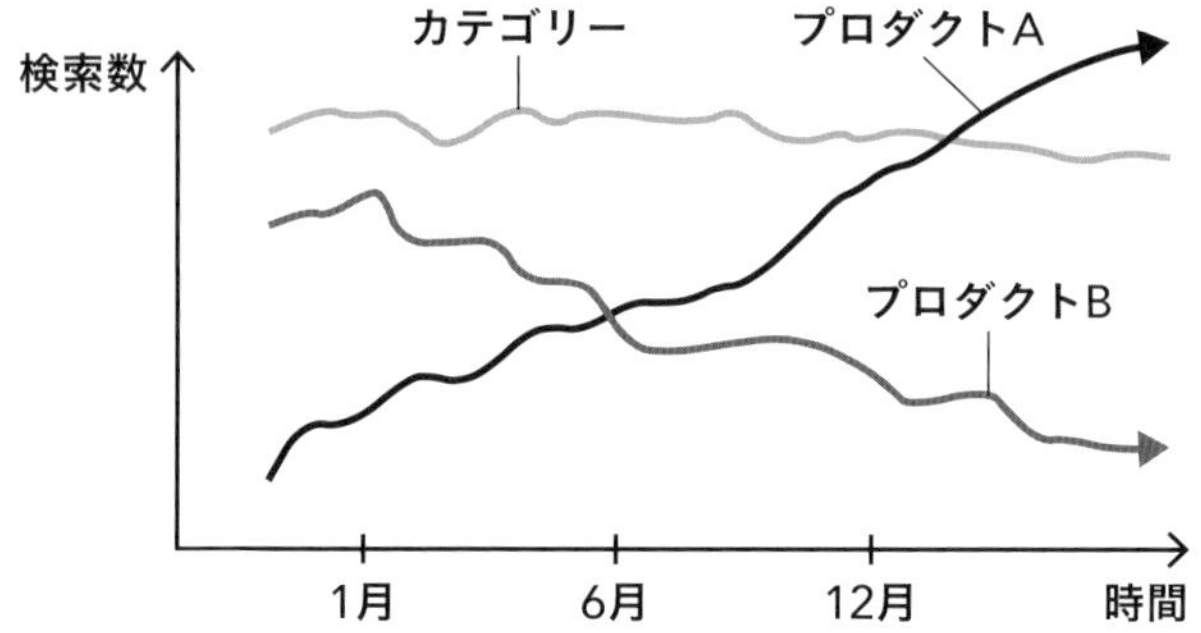

名性を保ったまま見える化されます。時系列的に後ろのほうまで到達してくれた人はラクスルを利用してくれる可能性が高いのですが、流入の絶対量が少なく、あまり売上にはつながりませんでした。これをどうにかしたいと思ったのが、指名検索マーケティングを始めた動機です。

2023年現在では「ラクスル」のあとに「ネット印刷」が検索されています。ネット印刷はカテゴリーのワードです。カテゴリーワードよりも先に検索されているということは、一番早く想起されたことの証明になります。

このように時系列上、最初に「ケンタッキー」「ラクスル」と想起され検索されるポジションを獲得している状態が望ましく、これを私たちは「量ではなく質が高い状態」と呼んでいます。「フライドチキン」ではなく「ケンタッキー」を食べたいと思った経験は誰でもあるでしょう。実際、フライドチキンよりもケンタッキーのほうが断トツに多く検索されています。

このポジションになると、ケンタッキーはほかのフライドチキン商品と戦っているのではなく、牛丼やハンバーガーなどのほかのカテゴリーとの戦いになります。「ケンタッキーは、今は違うな」と思った人は、そのあと「フライドチキンで何かないかな？」ではなく、「じゃあハンバーガーにしようかな」などと思うことが多いでしょう。フライドチキンの市場はとても大きいのですが、「コンビニで買おうかな？」「他のお店ならどんな選択肢があるんだろう？」と検索行動が後ろに進むほど狭まって、まるでふるいにかけられるように検索数そのものが少なくなっていきます。

このように、カテゴリーや他の選択肢の検索を抑えて、商品・サービス名が最初に検索される、この1つの行動に対する認知を取れている状態が目指すべき理想です。検索すること自体、Googleから転じて「ググる」といいます。フリマアプリではなく、「メルカリする」といわれます。「検索ならGoogle」「フリマアプリならメルカリ」の最終形です。ほかを想起されずに先に検索されるほど検索の質は高く、かなり強いです。絆創膏が「バンドエイド」、セロハンテープが「セロテープ」と認識されて検索されるような状態ですね。

●― 狭い市場から一段上の市場へ

ラクスルは競合他社や「ネット印刷」よりも早く、最初に検索されるようになりましたが、「ネット印刷」のあとに検索されている企業は、3〜4社の中から1社選ばれる状態にならざるを得ません。最初に検索されることがいかに強力なポジションかがお分かりいただけるでしょう。早い段階のポジションを獲得できるほどその市場の中で占めるボリュームは大きくなり、戦う場所そのものが違うものになります。企業がいい位置を取りたい検索行動の中で、1番早く検索されるように検索の質を上げていく。この状態を目指すのが指名検索マーケティングの真骨頂です。

もちろん、質のいい検索をいきなり獲得することは難しいので、最初は狭い場所で戦うしかありません。フライドチキンのカテゴリー内で戦わず、フライドチキンが持っていないヘルシーなチキン料理、例えばサラダチキンで、ナンバーワンを目指します。まずは一点突破するわけです。

サラダチキンからスタートしてケンタッキーと肩を並べるくらいになると、戦う相手が変わっていきます。これは、どの市場で戦っていても必ず起きる現象です。ラクスルは市場に参入した当初、ネット印刷という「リーグ」の中の、チラシ印刷という狭い市場で戦っていました。チラシ印刷を代表するようになった結果、現在はもう「ネット印刷しますか、Ｗｅｂページを制作しますか」という、これまでとは違う検索行動との戦いになりました。一段上のリーグへと市場が移り変わったのです。この状態になって、これまでは見かけなかった別の会社がいる市場へ参入できるようになると、かなり強いです。ラクスルでいえば、ネット印刷のシェアが取れた上でほかの印刷手段や印刷ではない事業会社との戦いに変化するので、それに合わせて自社の戦略もまた変わってきます。どのカテゴリーで検索されるのかという検索軸自体が、戦う場所を決めているともいえます。

自己認識とのギャップが検索行動に現れる

自分たちは高級の類いだと自己認識しているブランドにもかかわらず、実際はそんなことはなく、かなり金額の低いブランドと比較されているケースもあります。検索行動は人の正直な認識の表れなので、目当ての商品・サービスだけを検索するだけでなく、多くの場合は同じカテゴリーの中で比較する行動を取ります。A社を検索したらB社も検索するという「検索される世界観」の中では、競合サービス同士はまるで引力に引かれ合うように、徐々に「近づいてくる」現象が観察されます。いい換えれば、自己イメージに関係なく、どの企業やカテゴリーと一緒に検索されているかを意識せざるを得ず、検索結果次第では事業戦略が変わってきてしまう可能性が出てきます。

まずは、自分たちの会社の立ち位置を確認してみてください。自己イメージ通りのポジショニングを取れていないケースは往々にして見られます。これも顧客理解ができていないことで起きる現象です。こうした「理想」と「現実」の乖離も、検索行動の分析から見て取ることができます。

こうしたポジショニング分析は、かつてはコンサルティング企業に少なくない調査費用を払って行っていました。しかし現在は、検索行動を見れば一瞬で分かります。人々が検索する「足跡」に、あなたの会社のポジショニングが反映されます。現状はどのフィールドにいて、検索行動の中ではどの企業と競合しているかが分かるのです。加えて、同じような内容のサービスでも「高額なライン」と「低額なライン」で、それぞれ異なる比較をされているケースもあります。ここでも、どちらのラインに入っているのかが事業戦略上、重要な意味を持っている場合があります。

ハイクラス転職サービスの「ビズリーチ」を例に挙げます。リクルートという巨大企業がありながら比較的後発で始まったビズリーチは、転職サービスの中で比較されてしまうと、ターゲットが広すぎて差別化が不可能に近い状態でした。そこで、「即戦力・ハイクラス採用」という幅を狭めた事業ドメインと訴求ワードにして、即戦力として活躍可能なハイクラスの人を採用できる転職サービスのポジションの中でナンバーワンを取りにいく戦略を採りました。結果として、現在はビズリーチの前に検索される企業はほとんどありません。それだけすでに認知が取れている状態で、「転職するならビズリーチ」と思い浮かぶ人が増えて、成長したことの証明になっています。

いずれにしても、自己認識とズレた状態を放置しておくことは、事業にとってかなりマイナスです。22ページで解説したポイントがズレていないか検証してみましょう。

ズレ方には、さまざまなケースがあります。戦う場所はズレていないし、選ばれる理由も作れているけど、プロモーションが若年層向けに偏ってしまっていて認知がズレているケース。あるいは、そもそも戦う場所を間違えてしまっていることによってズレているケースもあれば、戦う場所もプロモーションも合っているのに、選ばれる理由がズレて、対象顧客とは全然違うものになってしまっているケースです。いずれか、あるいは複数の要因によって、本来の狙いとは違うところで比較をされてしまっていることが少なくないのです。

●─人は嘘をつくが検索行動は嘘をつかない

人は嘘をつきますが、検索行動は嘘をつきません。1つ面白い事例があります。ダイエット食品の検索行動を調べると、ダイエット食品関連の商品と同時に、ラーメンやハンバーガーといったカテゴリーのキーワードも検索されている結果が出てくるのです。これは潜在意識の表れで、ダイエットをしている人は絶対に「ラーメンを食べたい」とは口に出して言わないけれども、検索では行動してしまっていることを意味します。

ただし、この潜在意識は本人に聞いても出てきません。見栄を張ったり自分に嘘をついたりして「ラーメンなんか絶対に食べません」と、平然とした顔で言います。その一方で隠れてこっそり食べたいとは思っていたりします。顕在ニーズでは「ダイエットがしたい」なのに、潜在ニーズは「ダイエットはしたいけど、カロリーの高い焼肉やラーメンだって食べたい」ということです。

本音と建前のギャップは、検索行動にも必ず現れます。そして、検索行動が見えた上で、いかに分析して読み解くかが大事になってきます。検索行動の分析は万能ではありませんが、これまで見えていなかったような競合やカテゴリー分析などが行えます。また、ある程度指名検索されるようになれば、インサイトを見つけるのにも有効です。

対談

足立　光氏

株式会社ファミリーマート
エグゼクティブ・ディレクター
CMO兼マーケティング本部長

自社ビジネスを駆動させるドライバーは何か

マーケティングの3大役割は「行動変容」「全部やる」「仕組み作り」＝「事業成長」

田部　足立さんが考えるマーケティングの定義や役割について教えてください。

足立　私はマーケティングの役割を3つに分けて考えています。1つ目は「行動変容を促すこと」です。つまり、広告やいろいろなコミュニケーションを通してお客様の心に影響を与え、結果的に行動を変えることです。行動変容を広く解釈すると、選挙活動や人事担当者なども、心に働きかけて行動を変える点においては一緒だと思っています。

2つ目は「直接的であれ間接的であれ、ビジネスのために必要なことは全部やること」です。プロジェクト・マネジメントやプロデューサーのような、プロジェクト全体を俯瞰し統括する役割が、現場では大きなバリューを発揮します。特にまったく新しいプロジェクトを始める場合などは、どの部署や担当者の仕事なのか判断がつかず割り振れない仕事が出てきますので、それらを全部拾って、自分で担当するなり誰かに割り当てるなりして仕事を回すのです。

3つ目は、「経営者の視点で、成功を継続的に再現できる仕組みを作ること」です。マーケティング施策には成功も失敗もある中で、別の担当者に変わっても何回でも成功パターンを再現できる仕組み作りが重要です。一度は成功しても二度目以降は再現できないような、属人性の高い仕組みは、企業のマーケティング施策としては意味がありません。

ちなみに、再現性を作る仕組みはさまざまあり、ここでは説明しきれませんが、「認知の高い、あるいはイメージの良いブランドを作る」「いい組織を作る」「チェックリストや判断基準、プロセスを作る」といった方法などがあります。

1つ目の「行動変容を促す」は、一般的に知られているマーケティングの定義かもしれませんが、2つ目3つ目は意外と浸透していないのではないでしょうか。特に3つ目の「仕組み作り」

は、私も役職者になるまであまり意識していませんでした。マネジャーなど組織でマネジメント側の立場になると、自分がいなくてもきちんと組織の仕事が回る仕組みを作らないといけなくなります。そうでなければ、その人がいなくなったとたんに組織ごと崩れてしまいます。

CMOやマーケティング責任者、経営者が追求するべき指標は売上なのか利益なのか、その違いは企業の考え方によって異なります。しかしどの指標を追求するにしても、ビジネスを作ったり伸ばしたりすることはマーケティングの仕事です。指標を達成するために効果があるアクションは何かを、取捨選択して実行していく。これに尽きるのではないでしょうか。

●— 自社ビジネスを駆動させるドライバーは何か？ を考え抜く

田部 マーケティングのゴールが「ビジネスを伸ばすことだ」という大前提に、強く共感します。売上や会社の成長との相関関係がつかめていないまま、ブランドイメージを向上させることに躍起になっている企業や担当者も多く、課題だと感じています。

足立 間違ったKPI（重要業績評価指標）を追うと間違った行動をしてしまうので、決める立場の人がKPIと行動指針を正しく設定すべきだし、それもマーケターや経営者の役割だと思います。私の場合は「何がこのビジネスのドライバー（推進力）なのか？」を考え抜いてKPIを決めて、随時見直すようにしています。

ファミリーマートでは、「人々の潜在意識にあるイメージが、私たちのビジネスのドライバー（推進力）」だと考えました。消費財を扱うビジネスなので、ほとんどの方は来店する意思決定を「なんとなく」しています。1カ月前から「ファミリーマートに行こう」と決めている方はいないわけです。ふと「ご飯を食べに行こう」と思う瞬間、お客様の選択肢や想起の中に入れているか。それを左右するのが、企業のイメージや認識だと思っています。

田部　ファミリーマートは今（2022年5月時点）、「ちょっと、おトク」を積極的に打ち出しています。これは「意図的に作っているイメージ」なのでしょうか？

足立　はい。特定のイメージを繰り返し訴求することで、イメージを浸透させようとしています。いくつかの方向性を検討し、最終的に「ちょっと、おトク」を打ち出すことに決めました。

どのコンビニのブランドにも、そもそも社会インフラとしての側面があります。インフラである以上、A社には乾電池を置いていて、B社には置いていないという「差別化」はあり得ません。大枠は各社で共通でも良いと思います。

一方で、ブランドごとの個性はあっていい。ファミリーマートの個性を考えたとき、美味しいプライベートブランドの商品が比較的お手頃な価格で販売され、毎週のように何かしらの商品が割引きされていることなどが挙げられるので、それをそのまま訴求したわけです。競合はどちらかといえば高付加価値路線で、あまり「お得さ」を打ち出していないようなので、ファミリーマートの

「ちょっと、おトク」は、違いを出しやすい要素だと思います。

田部　世の中に流行しているものの原因を観察していくと、「安い」「早い」「美味い」「簡単」「楽しい」といった要素に集約されます。人間の本質的な欲求に刺さる訴求は、BtoB向けかBtoC向けかを問わず、やはり強いですね。しかし一方で、本質的な価値と違うところで強みを訴求している会社は、いずれ淘汰されていくと感じています。

●—— コンペ相手だけではなく顧客が想起するイメージのすべてが競合相手

田部　足立さんは「競合」の捉え方についてどう考えていますか。「競合を見るな」と言われたり、逆に「競合を見よう」と言われたり、マーケターの間で意見が分かれることがあり、いろいろな議論がありますよね。

足立　私は昔から、継続的な戦略は3Cフレームで考えています。3Cを「お客様が喜んでくれること（Consumer）」「競合が追随しにくいこと（Competitor）」「自社の強みや特徴（Company）」で定義していて、この3つとも揃うと、ビジネスはとても強くなります。この前提に立った上で、私はお客様の視点で競合はどこなのかを考えます。例えば「お腹が空いた」ときの競合は、同業のコンビニだけでなくスーパーやドラッグストア、外食、自炊も含まれます。

動画配信サービスの競合ならば、類似サービスやテレビはもちろん、マンガやスマホも含め「お客様がエンタメ的なものに使う時間の全部」です。競合の範囲を広く捉えることが、お客様視点による競合の考え方ですね。

田部　多くのマーケターは「競合とは、目の前の〝今まさに戦っているコンペの相手〟だ」と思ってしまっているかもしれません。また、ベンチャーの中には「私たちはこれまでにないような新サービスを展開しているためポジショニングが独特で、オリジナリティがあるので、競合はいません」と言う人もいますが、競合はお客様視点でどう認識されているかを考えると、いくらでもいるはずですよね。

足立　はい、お客様の視点で考えればすぐに分かります。ベンチャーの新しいサービスだって、今までそのサービスが存在していなくても得られる「何かしらの便益」で代替できていたケースがほとんどです。そのため、既存のサービスが「競合」といえます。

●── 既存顧客は裏切らずに、新規顧客へ訴求する方法を考える

田部　「ブランドの一貫性」をテーマに、論点になりやすい問題についてお伺いします。

1つの主張は、対象顧客に提供する便益、いわゆる「誰に」「何を」を1つに決めて「ブランドに一貫性を持たせるべき」という考え方。

一方の主張は、細分化すると「誰に」「何を」はたくさんあり、適切に組み合わせるほうがよ

い、という考え方です。一貫性にこだわりすぎると新しいお客様のニーズを満たせなくなる可能性があるし、かといってあまりにばらばらなマーケティング施策を打つと、ブランドとして統一されたイメージが成立しなくなる。両方とも理解できますが、この問題について足立さんはどう考えていますか。

足立　両方正しいですよね。ブランドは「人」のようなものなので、毎回人格が変わったらお客様は戸惑いますし、特徴やイメージをつかめず、認識されなくなってしまいます。そのため、まずは一貫性が必要です。しかし、現在のユーザーが満足されているポイントが未来のユーザーには響かない可能性も高いわけです。その場合は、今のお客様に伝えていることと矛盾せず、しかも新しいお客様に響くことを新たに考えて発信する必要があります。

私が過去に関わっていたスマホ用ゲーム「ポケモンGO」を例に考えてみましょう。新しい機能をどんどん追加していくと、コアユーザーの方々にはとても満足していただけます。しかし、機能追加を続けるとどんどん複雑になり、新規ユーザーにとっては入りにくくなります。そのため、コアユーザー向けのメッセージとは別に、「そもそも何が面白いのか」を伝えていかないといけない、と考えました。これを踏まえて、ポケモンGOの新規ユーザーへのメッセージは、「新機能が追加されました」ではなく、「歩くのが楽しくなり、健康にいいですよ」と変更しました。

ここで注意したいのは、既存ユーザーを裏切ることがあってはいけない点です。「響かない」分には構わないですが、矛盾してはいけないのです。ポケモンGOの「歩くと楽しいですよ」「ダイエットになりますよ」という新規ユーザー向けの訴求は、ロイヤルカスタマーにとっては既知なのでまったく響きませんが、裏切る内容にはなっていません。

田部　「ロイヤルカスタマーがその製品やサービスを好きな理由」と「新規顧客が選ぶ理由」は違うことがある、というのは面白いですよね。CM制作の現場でも、新規顧客向けのメッセージを出そうとするとき「既存顧客やファンが見たらどう思うか」といった議論をすることがあります。企業の内部にいる人が客観視するのは簡単ではありませんが、矛盾しない・裏切らないメッセージかどうかを考えてみるとよさそうです。

足立　新規のお客様へのコミュニケーションは本当に重要です。なぜなら、既存のお客様は必ず何%かずつ減っていくからです。新規のお客様が増えなければブランドは縮小していってしまいますので、継続的に新規のお客様を獲得することは必須です。

●── 事業に貢献する「経営者的マーケティング思考」を獲得するには？

田部　「マーケティングの最終的な役割は事業成長に貢献すること」ならば、マーケターは経営者の目線を持った考え方を身に付ける必要があると思います。CMOなど経営層ではないマーケターが経営者目線を獲得していくには、どんな方法が有効だとお考えですか？

足立　ポイントは2つですね。事業全体を見る経験が非常に大事なので、1つは「小さくてもいいから、PL（損益）の責任をすべて受け持つこと」です。会社内の事業担当になるのもいいですし、社内ベンチャーを起こしても構いません。PL全体を見ると、売上や認知だけではなく、利益を見るようになります。また、何が売上や利益に効くか、効かないのかと全体像を見るようになります。自分でビジネスを経験すれば、儲けることがいかに大変かが分かりますし、売上・利益に効く要素についても分かってくるようになります。

もう1つは、「マーケティング戦略の4Pの中で自分が理解している部分をどんどん増やしていくこと」です。例えばデジタル・マーケティングしかやったことがないなら、マス・マーケティングをやってみる、などです。そのタイミングで、営業や経営の仕組み、または商品開発まで携われると、マーケティングの理解はさらに広がります。また、本当に経営者になろうと思ったら、営業の経験も必須ですね。

田部　ちなみにマーケターのキャリアの作り方としてはもう1つ、「自分が得意な領域を誰にも負けないレベルまで突き詰めて、汎用性のあるスキルにしていく方法」もありますね。狭い領域でも、突き抜けた成果を出す人は高く評価されます。他の領域は得意でなくてもSNSを任せたら抜群、といったことです。

●―他者や他業界から学べ。人の心を動かすのがマーケティング

田部　「お客様視点に立って考える」ことの重要性は分かっていても、上手くできない人もいます。足立さんがお客様の視点に立ち、次々と魅力的な企画を生み出している秘訣を教えてください。

足立　一言でいうと好奇心ですね。冒頭に定義した通り、マーケティングは人の心を動かす仕事です。人が心を動かされていることや流行っているものなどに興味を持ち、日頃から「なぜこれが流行っているのだろう?」と、その仕組みを考察して自分なりに理解していくようにすることは、とても大事だと思います。

若い方にアドバイスをするなら、「できるだけ業界や世代が違う人々と会うこと」ですね。違う業界には、全然違った仕組み・やり方があります。違う世代には、違う常識や考え方があります。もしかしたら、その仕組みや考え方のいくつかを自分のビジネスに転用・応用できるかもしれません。

田部　他業界から学んで自分のビジネスに生かすのは、とても大切なことですね。

足立　そうですね。いろいろな業界でお客様に響いている好事例を自社向きにアレンジして取り入れてきました。「マクドナルド総選挙」はAKB48の選抜総選挙から発想を得ましたし、ファミリーマートの「お値段そのまま!! 40％増量作戦」は、化粧品業界が年末に出す増量パックから着

想しました。

新しいことを学ぶ、多様な人に出会う、流行を理解して自分も経験する、というのは、すべてがつながっています。会社と家の往復だけではなく、地元のボランティアに参加するなど、自分が所属するコミュニティをできるだけたくさん持ち、行動量を増やすことが大事です。発想力は行動量に比例する、と考えています。

田部　本日はありがとうございました。

足立 光（あだち・ひかる）

1968年生まれ。株式会社ファミリーマート エグゼクティブ・ディレクター CMO 兼 マーケティング本部長。シュワルツコフ ヘンケル 社長・会長、日本マクドナルド 上級執行役員・マーケティング本部長、ナイアンティック シニアディレクター等を経て、2020年10月より現職。I-neおよびノバセルの社外取締役、スマートニュースおよびコープさっぽろのマーケティング・アドバイザーも兼任。著書に『圧倒的な成果を生み出す「劇薬」の仕事術』（ダイヤモンド社）、『「300億円」赤字だったマックを六本木のバーの店長がV字回復させた秘密』（WAVE出版）。共著に、『世界的優良企業の実例に学ぶ「あなたの知らない」マーケティング大原則』（朝日新聞出版）、『アフターコロナのマーケティング戦略 最重要ポイント40』（ダイヤモンド社）。訳書に『P&Gウェイ』（東洋経済新報社）、『マーケティングゲーム』（東洋経済新報社）、など。オンラインサロン「無双塾」主宰。

※本対談は、MarkeZineで連載されたものを書籍用に再編集したものです。
https://markezine.jp/article/detail/38768

第2章

指名検索は事業成長に直結する

2-1 指名検索と潜在ニーズの密接な関係

購買意向を構成するフレームワーク

「ダイエットをしたい人は、同時に『ラーメン』を検索している」――。

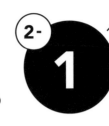

人は普段から必ずしも本音を話しているわけではありません。その感覚は誰もが理解できるのではないでしょうか。本音を隠している一方で、「どんな行動をしたのか」は正直だったりします。「本音を知りたければその人の発言ではなく、行動を見なさい」という格言もあるほどです。検索の足跡ともいえる検索行動には、人々の「心の動きと本音」が表れます。検索行動は、顧客がたどった心の動きを示す軌跡です。行動から本音を捉えて、事業成長に活用するべきです。

経営者やマーケターの方々がしがちな勘違いに、「認知さえされれば検索をしてもらえる」という考えがあります。ですが、実際はあなたの会社名やサービス名が覚えられているだけ、知られているだけ。認知を広げて知ってもらうことだけを目的にするならば、単純にテレビＣＭや動画広告で会社名やサービス・商品名を連呼すればよいのです。しかしそれでは検索行動は発生せず、指名検索に影響が出ません。必要なのは、認知と購買意向の両方を潜在層に対して醸成することです。どちらが欠けていても指名検索は起こりません。

指名検索され、ブランド力を高める要素は「認知×購買意向×今欲しいと思ってもらえるか」でした。対象顧客の心の中に、あなたの売りたい商品やサービスへの購買意向が芽生えてから初めて、検索行動は発生します。購買意向とは、その商品・サービスを欲しいと思う欲求です。私たちは「その商品が欲しい」と思ってもらえるような売れる商品を作るか、新しい使い方の提案を行う必要があるのです。では具体的にどうしたらいいのでしょうか。

購買意向は、6つの要素から構成されています（図2-1）。一見すると、マーケティング戦略の基礎中の基礎として頻出するフレームワーク「誰に（向けて）」「何（の商品）を」「どのように（売るか）」に似ています。「誰に」「何を」「どのように」はとても重要なのですが、本質を見極めるための解像度がこれだけでは少し足りず、顧客の本音を見誤ってしまうでしょう。より解像度を上げるためには、「多くの人には見えていなくても、実際には存在する本質」を見つける必要があります。

顧客の求める欲求やニーズの核心へともっと迫るために、私はここに「なぜ」「インサイト」「バリュー」「コンセプト」を加えて、この6つを「購買意向を発見し、言語化するためのフレームワーク」として提唱しています。これらの6つすべてが「購買意向を形成する要素」で、どれ1つ欠かすことなく、すべてを連動させながら考え抜く必要があります。

図2-1 購買意向を発見し、言語化するためのフレームワーク

なぜ（Why）	なぜ存在しているか、選ばれる理由
誰に（Who）	対象顧客
インサイト	本人が気づいていない欲求
何を（What）	商品・サービス
バリュー	対象顧客が受け取る価値
コンセプト	他社にない独自性を一言でいうと何か

あなたの会社が選ばれて指名検索される状態を実現していく過程では、商品やサービス、あるいはその使い方の差別化ポイントを言語化していき、対象顧客が本当に求めている欲求を発見していきます。そのための道案内でもありますから、ぜひこの順番で覚えてください。

「誰に」「何を」は1通りしか決まらないわけではありません。同じ商品でも、どの対象顧客に向けて、商品のどの側面を魅せるか。使い方やユースケースを提示する訴求のアプローチはとても有効です（詳細は後述します）。複数パターンの「誰に」「何を」が存在し、組み合わせはユースケースによって変化します。同じゲーム機の購買意向でも、子どもには（誰に）、友だちと一緒に遊べることを（何を）。大人には（誰に）、1人の癒やしの時間になることを（何を）、といった具合です。商

品の価値は使い方による側面があり、使い方とセットで提示してあげる観点はぜひ覚えておいてください。いくつかある組み合わせの中で、もっとも効果的な1つをまずは探りにいくイメージを持ちながら進めます。

それでは、購買意向のフレームワークの要素を説明していきます。

●なぜ（why）……なぜ存在しているか、選ばれる理由

最近では「なぜ」を「パーパス（目的）」ともいい、「パーパス経営」なる言葉をよく耳にします。いい換えればあなたの会社の存在意義で、「唯一の差別化ポイント」と同義です。対象顧客に何を提供するのか、どれだけの意味がある会社なのか、選ばれる理由を言語化します。ラクスルの選ばれる理由は、「安くて早くて簡単」としています。

「なぜ」を定めると、次はプロダクトの「何を」に行きがちです。しかしその前に考えるべきことは「誰に」です。誰に向けた商品か、誰の課題を解決したいサービスなのか、対象顧客がまず決まらなければ、「何を」は決まらないからです。また、「対象顧客」だけでは解像度が足りずにぼんやりしてしまうので、「誰に」は「インサイト」とセットで考えます。

●誰に（who）……対象顧客

●インサイト……本人が気づいていない欲求

対象顧客自身が気づいていない欲求がインサイトです。「欲しい！」「そうそう、そんなのを求めていました」と思ってもらうためのインサイトを商品の提供者が見つけ出しましょう。商品を世に送り出した時点では思いもしなかった使われ方やインサイトに出合うことは十分にあり得ます。インサイトは、普段は口にしないような本音だったりしますから、隠れていることが多いのです。

●何を（What）……商品・サービス

ここまで定まったら顧客に提供する商品・サービスについて考えます。商品・サービスが対象顧客に提供するものは「便益」と「独自性」です。「何を」そのものに価値があるわけではなく、顧客が商品・サービスを利用する意味を感じてもらう、この意識が重要です。最後に「バリュー」と「コンセプト」を決め、「どのように」に当たるプロモーション活動に反映させていきます。

●バリュー……対象顧客が受け取る価値

自社が伝えたい強みを顧客価値に変換できないと、1人よがりの商品・サービスになってしまいます。自社のいいたいこと、推したいポイントは本当に顧客の価値なのかを突き詰めることが大切です。顧客が商品・サービスを購買し、利用することの意味を感じてもらうことが指名検索されるために必要なのです。

●コンセプト……他社にない独自性を一言でいうと何か

「即戦力採用ならビズリーチ」「1枚1・1円からのチラシ印刷ならラクスル」のように、独自性が一言で伝わるコンセプトにまとめます。タグラインとも呼ばれているもので、指名検索マーケティングの成功において大きな要素を占めます。一言で伝わるまで余分な贅肉を削ぎ落とすことが重要です。

●── 指名検索でインサイトが重要な理由

認知されただけでは検索行動は生まれないことはすでにお伝えしました。人のインサイトを理解して初めて、「どうやって検索されたいのか」「何と一緒に関連付けて検索されたいのか」の戦略を練ることができます。ダイエットと検索する人は同時にラーメンを検索していたり、ケンタッキーと検索する人はその前に何も検索していなかったりするように、検索行動は時系列で注目することで、人の本音や行動の意図が透けて見えてきます。そもそも検索を行うという行為そのものが、何か自分の中のもやもやした気持ちや課題を解決したくて行われているからです。

例えば、「通販」「EC」「アパレルショップ名」と一緒に「花柄ワンピース」や「紺のテーラードジャケット」を検索している人がいたとします。その行動を時系列で見てさかのぼってみると、「出会い」「勝負服」「モテる服」と検索していました。この検索行動からは、おしゃれ目的で服を着たいというよりも、出会いの場でモテたいからこの服を買おうとしていることが類推できます。

このように時系列で検索行動を観察してみると、一見まったく関連がないように思えるワードが同時に検索されていたりします。検索行動を分析することでこの「インサイト」を導き出せるのです。検索行動に表れるインサイトから導き出せる事実は、サービス名だけを発信したり、覚えてもらったりしてもあまり意味がないということです。まず「何のイメージと関連付けて検索されたいのか」から逆算して考えていくと、「出会いの場に着ていける服」と発信したほうが検索されやすいし、購入してもらいやすいことが分かります。人が心の奥で思っている欲求・本音であるインサイトといかに結びつけていくかを考えていくのが、指名検索マーケティングの核心でもあります。

この結論から、プロモーションを展開するときは「○○なら△△の商品名・サービス名」と関連付けて覚えてもらうことがとても重要な戦略になります。先述している「プロポーズならゼクシィ」「ハイクラス転職ならビズリーチ」と、対象顧客にとって購買意向を象徴する名詞や動詞と関連付けて想起されることですね。

たとえ、商品・サービスのアピールポイントが機能面の1つしかないとしても、その機能面をアピールするだけなのか、それとも「あなたの課題を解決することに役立つアピールポイント」として伝えるのかでは、伝わり方がまったく違ってきます。また、同じ商品でもアピールポイントの伝え方や使い方を変えるだけで、検索のされ方が100倍違うことがあります。その差は、インサイトの発見の有無による差なのです。

やりがちな例は「自分は背が高くてお金持ちでかっこよくて……」のような「自己紹介」ばかりを詰め込んでプロモーションしてしまう過ちです。自分の良さは広告などで一方的に展開していても、あまり検索行動には結びつきません。しかしその手の「自己満足型」のテレビCMや動画広告は実はとても多いのです。「早くて安くて上手いです」だけを前面に押し出して訴求するのではなく、「私はあなたのこういうお悩みを分かっていて、それを解決できるんですよ」と翻訳して伝えたほうが、ユーザーは「検索してみようかな」と気持ちが動き、興味を持ってくれます。

対象顧客が持つ本質的な欲求に向けて「あなたの課題を解決できます」「価値を提供できます」と伝えたほうが検索したくなるのが人情です。この人間心理を指名検索の戦略に組み込まない手はありません。一方通行にせず、これらを上手く取り入れて、検索される企業を目指しましょう。

●— テレビCMで訴求する切り口を変えて検索数が伸びた事例

保険のプロが保険選びをサポートするサービス「ほけんの窓口」で、インサイトをつかんだことで集客を大きく伸ばした事例があります。40以上あるさまざまな企業の保険サービスを取り扱っているので、以前は「たくさんある保険の中から適した保険商品を選べる」ことを価値としてテレビCMなどで伝えていたそうです。

ところが、保険を選ぼうとする人は、たくさんある中から適したものを選びたいわけではなく、そもそも保険の知識がありません。そのため「40商品の中から1つ選べます」と伝えてもあまり刺さりませんでした。検索行動から調べてみると、実は「騙されて変な商品を買わされるのではないか。不安だ」というのが最大のインサイトだと分かりました。そこで、「保険の勉強ができます」とプロモーションの訴求を変更したんです。そうしたら、前年比130%の来店数を促し、売上や検索が伸びました。保険を選ぶ前の段階にいる対象顧客に向けて「保険の勉強ができる」と伝え価値や言い方を変えたことで、保険商品に思う怖さや騙されそうといったインサイトを価値に変換し、課題を解消しました。結果、裾野が広がり検索数が大きく伸びました。

よくある誤解がもう1つあります。それは、大きな検索行動を狙って大きなワードと一緒に関連付けて想起されようとすることです。この状態をいきなり目指しても、実はあまり検索されません。ほかにも同時に想起される競合他社やカテゴリーがたくさんあるからです。まず初めは範囲を狭めた戦略で局地戦を狙うほうが検索されやすくなります。

単に「美味しい水」より「環境に優しくて潰しやすいペットボトルの水」、「ネット印刷」より「チラシ印刷」と訴求することが成功につながったことと同じです。

ネーミングと文字の表記が検索されやすさを左右する

プロダクトの魅力や「誰に」「何を」以前の問題として、商品やサービス名自体が覚えにくいと検索されにくい問題もあります。みなさんはエステーの消臭・芳香剤ブランド「消臭力」のテレビCMを一度は見たことがあると思いますが、検索数がとても伸びています。

検索される理由には「消臭力」というネーミングの良さも少なからず関係しています。「消臭するものである」という機能と便益がすでにネーミングの中に組み込まれていて、サービスの内容もほぼ理解され、商品名を伝えた時点で商品理解が完了します。逆にいえば、覚えにくい名前の企業名・商品名は、検索を前提にした今の時代においては不利になってしまっています。意図しなくとも、覚えてもらえないがゆえに検索されないケースが見受けられるのです。

テレビCMや動画広告を展開する際は、ネーミングと表記による認知のされ方にも気を配る必要があります。ラクスルをRAKSULと表記してしまうと、直感的には覚えにくい。アルファベット表記だとあまり検索してもらえません。しかしこれも、かっこよさやロゴの見え方、イメージにこだわるあまり、やってしまいがちです。プロモーション展開する際は特に、カタカナやひらがなの表記にして、直感的に覚えやすくすることを心がけてください。まだ世の中に知られておらず、企業名や商品名が認知を獲得しにいくフェーズでは、特に気を配ったほうがいいでしょう。

●― 印象に残す工夫が検索行動を左右する

最後にもう1つ考えるべき側面は、「あらゆる広告があふれすぎていて印象に残らない」ことです。今に始まったことではありませんが、世の中ではアピール合戦が繰り広げられており、広告があふれています。昨日見た広告で印象に残っているものを質問されても、ほとんどの人が回答に窮するのではないでしょうか。

検索してもらうには、顧客の記憶に残る必要があります。記憶に残すには、対象顧客にとっての価値を正確に伝えた上で、「その場で欲しい」と思わせるのがコツです。今見た瞬間に欲しいと思ってもらう、グッとこちらに引き寄せるイメージを持って、スピードを速める設計も大事です。「いつかあなたにとって重要」というメッセージよりも、「今すぐあなたにとって重要」と、必然性を作りにいく。認知と購買意向の間に、必然性を作りにいくことで、検索行動を強く引き出せます。「必然性を作る」は、どちらかというとプロモーションや訴求方法の話で、「30％オフ」「今だけ」のような、スーパーなど店舗の商品の紹介文に見られる昔からある手法です。検索を作る上で、今でも有効な手法です。

検索されやすくする工夫として、商品名やプロモーション展開では「認知されやすくする」「購入されやすくする」「目立つようにする」、これらを意識して検索行動につなげていきましょう。

2-2 指名されることは、ブランド認知や好意と同義

指名検索＝ブランド認知、好意の指標

あなたの会社は、何の企業だと思われているでしょうか。どれくらいの人に知られていて、ブランド認知や好意をどれだけ持たれている企業なのか。事業売上を伸ばしていく上でこれらはとても重要な指標になり得ます。

ブランド認知や好意を持たれているとは、本書の定義では「あのカテゴリーといえば○○と思い出してもらえる率が高い」状態です。これは「フライドチキン＝ケンタッキー」のように、大手企業だからできるわけではありません。たとえカテゴリーが狭くても最初はこのポジションを狙っていくことが、指名検索マーケティングの第一歩です。

これまでブランド認知や好意を調べるには、調査会社に少なくないお金を払って調査をしてもらうことが一般的でした。しかし現在は調査するまでもなく、指名検索されること自体がブランド認知や好意の指標と同義になっています。ごまかしの利かない、正しい指標として信用できる理由

第2章

は、大きく2つあります。

●── 1：インターネットを取り巻くマーケティング環境の変化

1つ目は、インターネット環境の変化です。これまでのインターネットでは、個人の属性を特定した上でその人のWebブラウザ上に広告を表示する「追跡型広告」「リターゲティング広告」が進化してきました。なぜか自分の属性や嗜好性が見透かされていて、自分と関連した商品やサービスの広告が表示され、まるで追いかけられているように感じるアレです。この手法が成立した時代においては、企業名や商品名を認知されていなくても、選ばれていなくても、あるいは検索をされなくても、「あなたにとってはこの商品が良いですよ」と直に伝えられました。

ところが現在は、個人情報保護の観点から、世界中で規制する動きが強化されています。属性の特定は、個人ブラウザの閲覧履歴や訪問回数などの「Cookie情報」を取得することで成立していましたが、それが難しくなりました。つまり、インターネット上の不特定多数の人を「この商品、欲しくないですか？」と訪ねる訪問販売ができなくなってしまったのです。

訪ねられないがゆえに、選ばれることの重要性は増しています。今後はさらなる規制によって、商品名やサービスの利便性を知ってもらわないと気づいてもらえない、かつては当たり前だった時代に逆行していきます。

●── 2：指名検索は正確で即時性のある優れた指標

2つ目の理由は、指標として指名検索が優れている点です。まず、当然ながら指名して検索されたほうが断然、購買確率が高く出ます。5社中の1社に選ばれるよりも指名検索される状態にあれば、ブランド認知によりプロダクトを注文してもらえる確率は高まります。

マーケティング活動の中にはさまざまな指標があります。売上、認知度、購買意向度、CPA（顧客獲得単価）、LTV（顧客生涯価値）、コンバージョン率……。さまざまな指標がKPI（重要業績評価指標）として採用されていますが、「どれがもっとも重要な指標なんでしょうか？」と質問されると、なかなか答えられない現状があります。

もちろん、最終的には売上や利益率が重要なのですが、そこに至るまでの指標が多岐にわたり、煩雑すぎて、それぞれの相関や優先度合いが判然としない。そんな悩みを抱えている人たちをよく見かけます。

加えて、認知度や購買意向度をデータで出す際は一般的に調査会社に頼むわけですが、その数値が必ずしも正しいとは限りません。例えば1万人に調査する場合、認知の変化や態度変容を正確に測るには、完全に同じ人を1年間にわたって調査し続ける必要があります。しかし、その方法は莫大な労力とお金が必要になるため、実際はランダムに人を選んで違う人で調査が行われています。

統計的に近似値にはなりますが、正確ではありません。そのため、テレビCMなどのプロモーションで認知度向上施策を打ったのに、逆に認知度が下がる現象が起きることもあるのです。

また、「ナンバーワン調査」が問題になることもあります。調査対象者や質問、切り口、セグメントの仕方次第で、自社商品があたかも「業界ナンバーワン」「日本一」「顧客満足度1位」であるかのように意図的に見せてしまう問題です。もちろんガイドラインや法律に則って調査や表示をしていれば問題ないのですが、これに逸脱している表現などが優良誤認とみなされれば、不当表示として消費者庁からの指導や措置命令を受けるリスクがあります。

その一方で、指名検索は客観的にデジタルで把握できる指標として優れており、非常に有効です。なぜなら意図的に数値をコントロールできないので、ごまかしが利かないからです。また、かつてはお年寄りには使われないイメージのあったインターネットですが、現在は全世代で50％以上の人に活用されています。しかも、アンケート調査が時間を要することに比べると、リアルタイムの今の数値を把握でき、圧倒的に即時性が高いのが指名検索です。

万能というといいすぎですが、正確性と即時性の2点で優れているため、有効で平等で、活用しやすい指標としておすすめできます。

●── まったく新しい概念は検索されるのが難しい

ただし、まったく新しい造語と概念を作って検索されることは難しいと心得てください。例えばメルカリはラテン語でmercari、「商いをする」「マーケット／市場」が語源ですが、もともと日本になじみのある言葉ではありません。であれば、「○○ならメルカリ」と、一緒に想起されるワード（共起語）が重要なわけですが、メルカリは「売ったり買ったりするならメルカリ」といって展開していきました。「フリマアプリならメルカリ」とはほとんどいっていません。「フリマアプリ」といわれても、当時は特に市民権を得ておらず、言葉になじみがありませんでした。実際に、フリマアプリとメルカリはあまりセットで想起・検索されていません。

フリマアプリという耳慣れない言葉を使うのではなく、シンプルに「スマホ1つで売ったり買ったりできるアプリ」と伝えたほうがはるかに分かりやすい。素晴らしい戦略です。意図せずとも難しいワードと一緒に検索されようとしてしまうと、イメージが湧きづらいので検索行動が起こりません。「運用型テレビCMならノバセル」、とノバセルは「運用型テレビCM」という言葉を作り、啓蒙してきました。一見すると新しい概念のようですが、実は誰しもが知っていて、イメージできる「運用型」と「テレビCM」の2つのワードをつなげたまでにすぎません。

このように、指名検索では、ブランド認知されるためのワード選定も重要です。

2-3 キーワード一致は費用対効果が小さい

ストック型とフロー型の違い

指名検索は、キーワード一致を目指すタイプの広告に比べて、はるかに費用対効果が高いのが特徴です。キーワード一致とは、リスティング広告で検索語句と一致するキーワードをオークション形式で入札する行為を指します。

ストック（蓄積）型の価値とフロー（単発）型の価値に分けるとすれば、指名検索はストック型で、リスティング広告はフロー型です。どちらも重要な手段ですが、Ｗｅｂマーケティングはもともとフロー型の手法が優位です。しかしフロー型の弱点は、日々の戦いの中で競合他社が出てくると、とたんにキーワード価値の低下に連動してしまう点です。リスティング広告は競合入札制なので、競合が高い金額で入札すると自社のポジションは相対的に一気に下がり、ひっくり返されてしまいます。つまり、価値が積み上がって資産化されている状態とはいえません。

その点、ストック型の指名検索、つまり認知は個人の中に蓄積されたイメージなので、一気にはなくなりません。もともと60％あった認知が明日を境界に突然0になることはありません。つまり、どんどんたまっていく性質の価値で、たとえ一時的に打ち手を止めても、資産として残っている状態が一定期間はキープされ続けます。

もちろん、ストック型の価値は一朝一夕には積み上がらないので、最初はとても小さなものです。時間をかけて徐々にためていく必要があります。裏を返せば競合他社は一瞬で真似することができませんし、蓄積されるほど価値のリターンは大きくなります。

フロー型の価値は、お金さえあれば後発であってもいくらでも模倣が可能な点です。要所で使い分けて、指名検索を伸ばすことにもっと時間もお金もかけるべきです。

また単純に、キーワード一致を目指すほうが流入量が少ないともいえます。Webマーケティングは、キーワードで検索されて流入を稼ぐ行為の集積です。であれば、1つ1つが小さい規模のキーワードで流入させるよりも、指名で検索されたほうが流入の総量は大きくなります。ホットチキンや6ピースパックと検索されるよりもケンタッキーと検索されるほうが大きいです。ただし、だからといって指名検索される状態だけを目指すのではなく、事業の成長フェーズに合わせて、どちらも場面で使い分けることが肝心です。最終的にはフロー型をなくしてストック型になったZOZOTOWNの分かりやすい事例があります。

8500以上のブランドを取り扱うファッション通販サイト「ZOZOTOWN」は、かつてリスティング広告を活用してさまざまなブランドの商品へ集客を行っていました。現在はすでに十分にブランドが認知され、ZOZOTOWNというサイト名で検索される状態にあるので、1つ1つのキーワードごとにリスティング広告で集客する必要がなくなっているのだと思います。

ストックが積み上がった状態になると、もう競合他社が真似するのは難しくなります。初期フェーズではフロー型の戦略で戦うことがあっても、最終的にはストック型が勝ちます。そのため、自社のフローが減って競合他社のフローが伸びてきても、ストックで戦えるので問題ありません。ストック型を目指して積み上げていく重要性を示す好事例です。

●──「早ければ早いほどいい」。ストックの積み上げに目覚めた

ウェディング関連の企業に在籍していたとき、競合他社がどんな施策を打っても、ゼクシィには勝てないということを痛感していました。新興スタートアップやＩＴベンチャーは基本的に後発で、すでに巨人のように立ちはだかる巨大企業を前に、自分たちでまったく新しい概念を作っていくことになります。しかし、どれだけフロー型で頑張っても、ストックを積み上げてきた巨大企業に勝つことは容易ではありません。

２０１４年に私がラクスルに入社したときは社員数20名ほどのまだまだ小さな会社で、これからベンチャーとして市場を作っていくフェーズでした。マーケターとして事業を成長させるために最

初に考えたことは「フロー型で勝つのはいつでもできる。最初からストックをためていくほうが、早ければ早いほど、価値を積み上げられるから絶対に良い」でした。

指名検索を10年後に始める企業と、今から始める企業とではどちらが強いでしょうか。途中で寄り道することはあるにせよ、10年間積み上げてきた企業が絶対に勝ちます。一度人々の記憶に根付いたブランド認知は、よほどのことがない限りなくなりません。だから、取り掛かるのは早ければ早いほどいいのです。

●━ 記憶に残る「残存率」を計測する

ここまで確認したら、指名検索のフレームワークに基づいて施策を打ち、指名検索が積み上がっていくかを確認しながらPDCAを回していきます。指名検索数は集客データなので、伸びているかどうかは一目瞭然です。伸びていると分かる施策については、ひたすら実行し続けていきます。

本書ではプロモーション施策に動画広告やテレビCMを提唱しています。推奨の理由は後述しますが、地方のテレビ局の枠内で広告を打てば、あなたの想像よりもかなり少額で展開できます。まずは安価に動画広告やテレビCMを打ち、実績を作ることにトライしてみましょう。

テレビCMでいうと、もともと大きな予算をかけて博打のように広告を打つケースが一般的でした。それに対して私は「小分けにしてテストをしていきましょう」と提唱します。なぜならば、予測を立てるための事前検証を行いたいからです。いくら使えば、どれくらいの「残存」になるのか、その計算式を作るためのお試しをするイメージです。まずは小さく石を投げてみて、波紋の広がり方と残り方を見てみます。

残存とは、広告を一度打ったあとに一定期間止めてみても指名検索が残り続けているか、あるいは残っていないのかどうかの現象を指します。記憶にどれくらい残り続けるのか。残存率は、広告の露出ボリュームと頻度を掛け合わせて、戦略的にコントロールし、どれくらい指名検索が上昇したのかを記録していきます。どれだけの施策に対してどれだけ認知が上がったのか、あるいは2カ月間何もしなければ認知が0になるのか。指名検索の上昇曲線あるいは下降曲線と、施策との関係性、費用対効果はどうなのか。これらの実績を基に計算します。

施策を打つ間隔も重要で、1年に1回しか広告を打たなければ、認知はあまり積み上がりません。忘れられてしまうからです。1年間隔よりも半年に一度のほうが露出頻度が多く、繰り返し覚えてもらえるなど、頻度と残存の関係を見ていきます。会社名や商品名を目にしたり耳にしたりする機会をコントロールするという意図のもとに残存を作り、広告の投下量と頻度に対する残存率をコントロールしていきます。残存率を上げるためにかかった費用対効果を測定しながら、残存していくイメージを持ちましょう。

2-4

新規顧客獲得はWeb広告だけに頼らない

●ファネル上のWebマーケティングの強みが変化した

インターネットとリアルの融合が進む世界では、どちらの世界からもアプローチするのが有効です。WebとテレビCMや動画広告、PR（Public Relations：パブリックリレーションズ）などにはそれぞれ得意・不得意があり、新規顧客の獲得をWeb広告だけに頼るのは限界があります。ストック型とフロー型の観点から、Webが得意なのはファネルの中の「ローワーファネル」と呼ばれる部分です。

ファネルとは、理科の実験で液体を濾過するときに使う「漏斗《ろうと》」のこと。入口が広く、出口に向かって徐々に狭くなっていきます。マーケティングにおけるファネルも同じイメージで、広く集めた顧客が除々に減っていき、商品の購入や資料請求など最後の段階まで至る人の数はかなり少なくなっているのが一般的に見られる現象です。知っているだけの人なのか、今すぐ欲しくてたまらない人なのか。このファネル上のどの位置にいる顧客なのかによって、行うべきマーケティング施策の内容を変える必要があります。

本書ではこのファネルを3分割して、次のように定義しています（図2-2）。

- **「アッパーファネル」……入口の広い部分。すでに認知されている状態**
- **「ミドルファネル」……中間。購買意向があり、検討している状態**
- **「ローワーファネル」……狭い出口の部分。ニーズが顕在化していて、すでに購入したいと考えている状態**

ローワーファネルでは、すでにニーズが顕在化しているので、こちらから購入を促したいときに、とても効果的です。これまでは、入口のアッパーファネルの位置にいる顧客に対して、個人の属性を特定しつつこちらから直接アプローチし、「あなたはこの商品に興味がありますよね」と、バナー広告などを通じて提案（オファー）ができました。ところが、先述の通り個人情報保護の観点から規制が強まっていて、同様のアプローチができなくなっています。

アッパーファネルの段階にいる顧客に向けては、認知を促し、ミドルファネルの段階にいる顧客に向けては、潜在ニーズの顕在化を促し購買意向を醸成する。Webマーケティングの世界では今後、これらの新しいアプローチが重要になっていきます。つまり、ファネルの入口の段階にいる顧客に向けた新しい施策や集客経路を開拓する必要が出てきているのです。

図2-2 顧客の立ち位置を確認するファネル

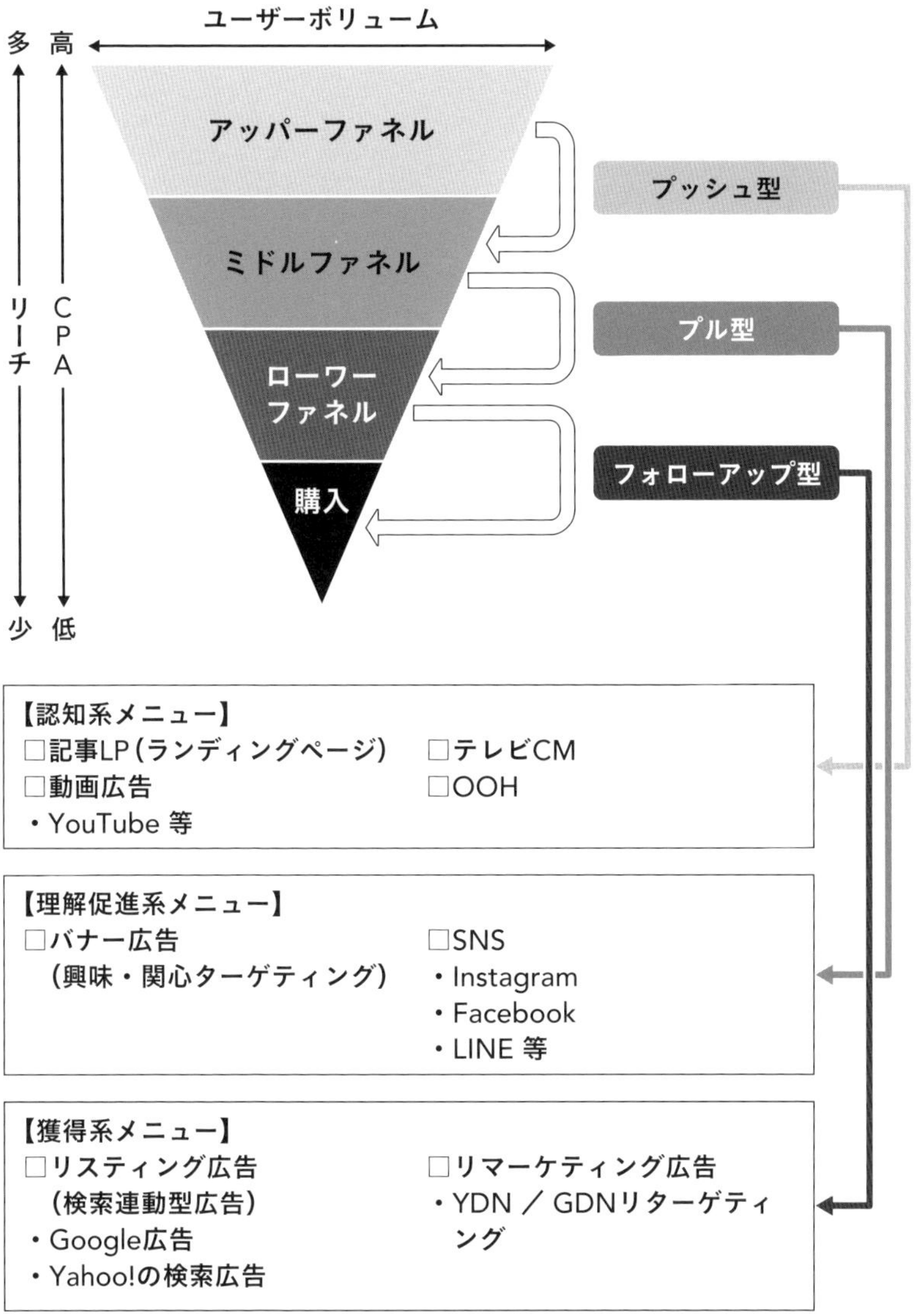

Ｗｅｂ広告でローワーファネルにばかり注力している企業は多く存在します。しかし一瞬効果が出ているように見えても、ローワーファネルだけのアプローチ方法は今後はさらに難しくなるでしょう。どんどん尻すぼみになり、いずれ顧客がいなくなってしまうことが予想されます。そうならないためにも、ブランド認知で上位に指名検索され、価値が高まる未来を見据えてさまざまな集客経路で新規顧客の開拓を進めていきましょう。

●━ 規模の小さい企業はＰＲから小さく始める

マーケティング施策の初期段階では「小さく始めて狭い領域を独占する」ことを目指すのが得策です。開始当初はリスティング広告などのＷｅｂマーケティングから始めるケースが多いでしょう。それ以外の選択肢でおすすめなのがＰＲです。日本では宣伝や広報と同義で扱われることがありますが、本来の意味は「関係構築」です。

小さく始めて独占する初期のタイミングでは、多くの人に知ってもらう必要はないため、マスマーケティングを考える段階にはまだありません。初期段階ではおそらくプロモーションに投下できる資金を潤沢には用意できないでしょうから、ＰＲに力を入れるのが有効です。

ラクスルでは事業成長の初期フェーズで「５００円ワンコイン名刺」という商品を展開していました。それ以前は１００枚刷りの名刺を当時４８０円という価格設定で販売しており、十分に価格訴求できる安さではありましたが、それを分かりやすくワンコインの500円に金額変更しました。対象顧客は、創業したてでまだ十分な資金のない企業の創業者。印刷業務に絞って狭い領域内で独占する戦略でした。スタートアップの創業者や経営層が初めての名刺を作る際にラクスルのブランドを認知してもらうことを目指したのです。

分かりやすい商品と分かりやすい価格、分かりやすい価値を作ることで、お金をかけてプロモーションを打つことがなくとも、PR施策で指名検索数が増えた事例です。

また、PRで認知を高めている企業にVoicyがあります。音声プラットフォームを運営するVoicyは、2016年に設立されたばかりのベンチャー。2023年現在、Voicyは広告費をまったくかけていないそうです。その代わり、口コミで評判が広がる工夫をしていて、音声コンテンツの1つのチャプターを10分区切りに制限して短く聞きやすくしたり、ラジオパーソナリティに当たる発信者を審査性にして制限したりするなど、コンテンツのクオリティを担保することで、ブランド認知を向上させています。

局地戦である程度の占有率を取ると、市場を取りきったために成長が高止まりします。そのフェーズに達したら、提供できる価値をさらに広げていく次のフェーズへと事業内容が変化していきます。新しい別の価値を作り出し、PRやプロモーションの選択肢の中にテレビCMや動画広告などが入ってくるようになります。新しいフェーズの進み方は、第4章でお伝えします。

2-5 指名検索されるには、他社にはない独自性を一言で表現できるかがカギ

独自性を見つける3つのアプローチ

「当社には強みがない」と中小企業の社長さんやマーケターが話すのをよく耳にします。しかし「強み」は、商品・サービスや顧客に当てる光の面を変えてあげるだけで変わってきます。強みは大抵、どの企業のどの商品・サービスにもあります。一言で表現できる他社にはない独自性を探してください。一言で表現できる他社にはない独自性とは、コンセプトを指します。コンセプトを作る段階になると、いよいよプロモーションを展開していくフェーズに入ります。独自性を見つけるために取るべきアプローチは主に次の3つがあります。

- **独自性を再発見する**
- **他社とは違うポジショニングを取り、独自のユースケースを作る**
- **他社にはない独自性を作る**

ほとんどの場合は、この中のどれかに当てはまります。独自性を見極める際は、当たり前のことを差別化ポイントに置いてしまっていないか気をつけます。他社にはない魅力的な商品やサービスを持っているか、他社と違うポジショニングを取れているかどうかに注意が必要です。

4P（28ページ）の中でもっともレバレッジ（テコの原理）が効きやすいのは商品・サービスをどうにかすることです。検索されるための最大の核となる価値は、検索される商品を作ること。その商品が出来上がった上で、資金を投下しながら認知と購買意向をプロモーションで作っていくのが大きな流れです。

しかし他社にはない独自性を作れれば理想的ですが、現実には、商品・サービス自体を変える商品開発は、会社の中でかなり上の立場にならないと必要な権限を与えられないこともあるでしょう。また、モノがあふれて飽和している現代において、0から商品を新しく作っていくのはもっとも難易度が高くなります。そのため、他社にはない独自性のある商品・サービス作りに挑戦するのは、最後です。まず試してほしいのは、「独自性を再発見する」ことです。

●── 独自性を再発見する

自分たちの魅力は案外、自分たちで見過ごしているものです。実は顧客にとっては価値あることなのに、これまでは当たり前のように捉えてまったく宣伝していなかった独自性。本来持っている独自性を再発見し、改めて発信することで売上が上がったケースもあります。

讃岐釜揚げうどんチェーンの丸亀製麺は、すべての店舗内で打ちたてのうどんを提供しています。一般的に麺は他社の製麺所から購入したりしますが、丸亀製麺では1店舗ごとに製麺機を置いてできたてを提供しています。それだけコストをかけているのですが、当人たちは当たり前だと思っていたので、特に宣伝することはありませんでした。

マーケティング支援会社が丸亀製麺を支援したときに目をつけたのがまさに「店内製麺」でした。そんな当たり前のことを、と最初は反対されたものの、テレビCMなどで店内製麺を前面に打ち出したプロモーション施策が見事に当たり、丸亀製麺はV字回復を果たしました。

この事例に限らず、開発担当者が伝えたい価値と対象顧客が求めている価値がどんどん乖離していくケースはよく見られます。新しいこだわりをアピールしたくなるのが人情ですから。今ある商品・サービスの中で何が本当の強みなのか。最初におすすめする行動は、その価値を再発見することです。商品を作り直す必要もなく、取り組みやすいでしょう。

●━ 他社とは違うポジショニングを取り、独自のユースケースを作る

独自性の再発見の次に挑戦してほしいのが、ユースケースを作ることです。

商品・サービス自体は変わっていなくても、これまではなかったような新しい「使い方」を発明して、「これはあなたにとって価値がある商品です」と対象顧客に訴求してあげるだけでも検索行動は起こせます。また、今ある商品の新しい使い方を発明するアプローチ方法であれば、実はプロモーションの延長線上でできることだったりします。

「当社には他社との違いがなくて、そこまで独自の価値がないんです」と言う人がいますが、多くのケースでは実際その企業の商品をすでに買ってくれている顧客が存在しています。実績があるのにもかかわらず、「なぜ顧客はあなたの会社の商品を使ってくれているのですか？」と質問をすると、「いや、分かりません」と、理由を答えられません。

つまり、顧客の姿が見えないままにマーケティング施策を行っているケースが少なくないということです。この大きな問題を解消するためには、第1章で述べたようにまずロイヤルカスタマーにぜひ向き合ってください。まったく価値のない商品・サービスであれば、その企業が存在して売上が上がることはありませんから。

さて、ユースケースを作る話に戻ります。企業の狙いや思惑とは別に、顧客や不特定多数の人が本当に求めている別の使い方が存在することがあります。ユースケースを作ることこそが今後、マーケティング担当者の大きな役割になっていくでしょう。想像と妄想だけで作り上げた解像度の低いユースケースでは太刀打ちできなくなっていきます。直接は商品開発に携わっていなくても、マーケティングやプロモーションの担当領域内でできることなので、提案してみる価値があります。

購買意向のフレームワーク（66ページ）では、ストーリーを作りましょうとお伝えしました。まさにそのストーリー作りが、ユースケース作りと同義です。誰が対象で、その人たちが何を課題だと思っているのか、あるいは何を求めているのか。何が価値で、それを一言でいうとコンセプトは何なのか。これを1つのストーリーにしていきます。「誰に」「何を」「バリュー」をストーリーにすれば、ユースケースになります。ユースケースを作った企業の事例をいくつか見てみましょう。

例えば牛丼チェーン「すき家」は、かつて「家族で食べに行ける牛丼」を打ち出して、テレビCMは小さな子どものいる家族連れの設定になっていました。店舗も、家族連れが座れるように4人席が用意されている店舗もあります（ちなみに現在は、1人客や女性同士の顧客向けの内容のテレビCMも展開されています）。

チーズ牛丼など新しい牛丼の食べ方を提案しつつも、牛丼の味を大きく変えたわけではありません。しかし、家族で食べられる牛丼をいち早く打ち出したことで、「家族で食べる牛丼ならすき家」のポジションを確立しました。今でこそほかの牛丼チェーンも同様の施策を展開していますが、すき家の「家族イメージ」は覆っていません。

牛丼の味を大きく変えずに新しいポジションを獲得した好事例です。これまでになかった斬新な牛丼を開発するのは難易度が高く、また、チーズ牛丼は一瞬で他社に真似されてしまいました。もちろん、ライバル企業とすき家のチーズ牛丼の味は違いますが、大きな差別化ポイントにはなり得ません。「商品・サービスの真似をされる」スピードがとても速くなっているからです。ところが、ポジショニングを変えて家族で食べに行けるようにしたことは、大きな差別化ポイントとなり、検索も売上も大きく伸ばす原動力となりました。

事例をもう1つ。サントリーはウイスキーの飲み方を再提案して、ハイボールを浸透させて売上をV字回復しました。ウイスキーは昔、オン・ザ・ロックで中高年男性が好む飲み物でしたが、カジュアルで誰でも飲めるお酒としてソーダ割りのハイボールを万人に受けるように復活させました。

ウイスキーの味は何1つ変わっていないのですが、これもユースケース作りによって爆発的に広がった好事例です。

大塚製薬のカロリーメイトも同様の「ユースケース作り」の施策を行っています。普段は「バランス栄養食」として訴求していますが、受験シーズンには忙しい受験生に役立つというプロモーションとともに、期間限定のユースケースを提案しています。

利用シーンを想像して、どうやって使ってもらいたいかのシーンを提案するということです。すると対象顧客は自分が使っているイメージが湧いて、上手くはまれば検索行動が生まれます（具体的な動画広告への展開方法は第4章で後述)。

●━ 他社にはない独自性を作る

すでに顧客が存在するということは、選ばれる理由がすでに存在しているケースが大半です。ロイヤルカスタマーを訪ねてみた、インサイトを発見できた、プロモーションを打ってブランド認知を取りにいった。それでも突破口が見つけられない場合は、選ばれる理由が存在していない可能性があるため、他社にはない独自性であるプロダクト力を新しく開発しましょう。プロダクト力、つまり商品の力と選ばれやすい価格設定を検討します。これにプロモーションを掛け合わせてブランド認知を蓄積していくのが正攻法です。

POD(Point of difference:付加価値。らしさ)と呼ばれる商品の差別化ポイントがあれば、一定程度の売上まで到達できます。この前提があった上で、プロモーションでブーストをかけてブランドを作っていくのが私の考える指名検索マーケティングです。

繰り返しになりますが、商品や価格を変えたり差別化したりするのは本当に難しいことです。今でこそラクスルは、かつてよりも商品ラインナップが充実したので「他社にない印刷物が刷れます」と訴求ができます。しかし8年くらい前は他社にない独自性がなく、訴求できる価値がまだありませんでした。そこで、同じ商品ながら「チラシ印刷」という他社とは違うポジショニングを取ったのです。

プロダクトの独自性は重要ですし、重要だと認識している人は多いです。それをまったく否定するつもりはありません。ですが、他社にない価値を作れる会社はそんなに多くないのが現実です。もちろん、経営判断上、作るべきですし独自性は持っていないといけません。この厳しい現実を俯瞰してみると、他社にない独自性を作るよりも先に、他社と違うポジショニングを取れるユースケースが作れないかを先に検討したほうがよいでしょう。

他社にない独自性を作り出すことは聞こえが良く、目指すことは正しいのですが、他社にない独自性を作ることだけでは解決できないケースのほうが多いのです。挑戦する難易度は高すぎるのに、成功確率は高くありません。

案外、自分たちが持っているものの中に価値はすでに眠っているものです。買ってくれている顧客がいるのですから。価値や独自性を再発見してみましょう。特にまだ規模が小さな企業であれば、違うユースケースを示すことにチャレンジしてみましょう。きっと指名検索が伸び、事業は成長を始めるはずです。

対談

西口一希氏

株式会社Strategy Partners 代表取締役
M-Force株式会社 共同創業者

「広告で売れる」の意味を正しく捉えているか？

●── 誤った「広告マーケティング」に陥る最大の要因は？

田部 マーケティングは本来、事業や経営そのものであり、そう自覚していないとマーケティングの戦略や施策に厚みが出ないと考えています。西口さんは、大企業からスタートアップまでさまざまな企業と接する中で、マーケティングについてどのような問題意識をお持ちでしょうか。

西口 まず、「マーケティング」の言葉の定義が人によって異なり、マーケティングといいながらお互いにまったく違う話をしているケースがとても多いことです。ほとんどの場合は、ビジネスを成立させる顧客（ＷＨＯ：誰に）と企業の便益（ＷＨＡＴ：何を）の関係が抜け落ちたまま、伝えるための手段や手法、つまりＨＯＷ（どうやって）の話を模索する状態になっています。また、「広告で認知度や好感度、ブランドイメージが上がれば商品が売れる」など、これまで業界で使われていた指標の有効性を疑うことなく使い続けている場合が多く、私はその点が問題だと思っています。

定義の話が出てきたのでマーケティングの歴史を簡単に振り返ると、１９７０年代にフィリップ・コトラー氏が理論を唱え始めた頃から「マーケティング」という概念が広く認知され始めました。エドモンド・ジェローム・マッカーシー氏がマーケティングの４Ｐを提唱し、１９９０年代前半になるとデーヴィッド・アーカー氏がブランディング概念を打ち出し、定着していきました。

ところが、これらの話が整合性のないままに業界に広がり、広告ビジネスとくっつくことで、「マーケティングミックスをやろう」「４Ｐの中のプロモーションとして、広告はブランディングをやるものだ」という話になっていきました。しかし、これらの会話にはどこにも顧客が登場していません。ちなみにマッカーシー氏の説には真ん中にコンシューマー（消費者）のＣがあります。誰に売るかをまず決めた上で、プロダクトを、どの場所で、どの価格で、どのように告知・認知させて、どう提案して売るか――。この順番が本来の理論だったのです。

しかしＣがなくなり顧客不在のまま４Ｐだけが独り歩きしているのが、日本のマーケティングを伝達手段に過ぎない広告やプロモーションの「HOW」だらけにした原因だと思っています。

●――顧客不在のマーケティングから脱出せよ

田部　西口さんはマーケティングが顧客不在で進んでいる状況について、さまざまな場面で警鐘を鳴らしていますが、この傾向は、現在も長く続いているという認識ですか？

西口　インターネットが登場する前後で状況が変わっています。1980～90年代前半のネットがない時代は「4マス」と呼ばれたように、主要なマスメディアは4つだけでした。プレスリリースで発表されたものをテレビ・雑誌・ラジオ・新聞の4マスが取り上げると、会社や居酒屋、井戸端会議などで話題にされる。こうした口コミの情報源は4マスしかなかったんですよね。

そもそも当時は話題が少なかったので、新商品を出したら勝手にバズり、広告クリエイティブの面白さがその印象にブーストをかける（押し上げる）意味で、すごく役立ちました。広告至上主義が成立した時代で、クリエイティブが面白ければ、人々が話題にしてくれてモノが売れたのです。しかし2000年代以降にインターネットが普及したことで、4マスの影響力が大幅に減少しました。情報量は増えて多様化し、話題が勝手には拡散しなくなっています。

このように前提が変わっているにもかかわらず、「広告で売れる」という認識だけが残っている。そこに本来の意味とは異なる4Pとブランディング、つまり消費者の抜け落ちたマーケティング用語が広がり、デジタルマーケティングも加わって、顧客不在のまま進んでいるのです。

田部　インターネットが登場し、顧客不在で進んでいるのは同感です。ネットビジネスが定着したことで、マーケターが顧客と接する機会が減ってしまったことに問題意識を持っています。そうしたマーケターの多くは手法の話には詳しくても、生身のお客様のことはよく分からない状態になりがちです。積極的に顧客と接する機会を持ち向き合っている人とは差が開いていくでしょうね。

●━ 顧客のプロダクト体験前後で広告の役割は変わる

田部　現在のマーケターは、広告の役割をどのように考えれば良いのでしょうか。

西口　対象顧客にとっての便益や独自性を伝えないと、広告の効果は得られなくなった前提の上で、顧客がプロダクトを体験する前後では、広告の役割はまったく異なる点を押さえてください。

「プロダクトを体験する前」の広告の役割は、未認知の人に興味喚起をして購買意欲を湧かせることです。もしくは、認知はしているけれど未購買の人に向けて、プロダクトの便益を述べ、購買へと気持ちを変化させる場合に効果的です。

「プロダクトを体験した後」ならば、プロダクトの評価をより高めるために広告が役立つ場合があります。例えば、レストランで食事して「美味しいけど、まぁまぁかな」という人に、「美味しい理由は三つ星シェフが監修しているからです」と広告します。いわれなければ10しか感じなかったおいしさを20感じるようになるわけです。ただ、もともとの体験がダメだったのに広告の力だけで再購入の意欲を高めることはかなり難しいです。

　プロダクト体験後の広告の役割でさらに重要なのは、リマインド効果です。素晴らしい事例は、日清食品のカップヌードルのテレビCMですね。すでに認知が十分に取れているカップヌードルの場合、テレビCMで動かせるのは「カップヌードルは美味しいと思うけれど、最近は買っていない」人。そういう人が面白いクリエイティブを見ると印象に残り、「久しぶりだな」とスーパーなどで思い出して購入する。メガブランドの良い点は、しばらく休眠状態にいて離反した顧客が多いことです。「別に嫌いではないけれど、たまたま買っていなかった人」たちが広告を見ると、リマインドされて購入に至ります。だから、そうした顧客層をもたないブランドがこの事例を見て、「テレビCMでブランディングをしたらモノが売れる」と思うのは誤解なのです。クリエイティブに投資をするときは、気をつけないといけません。

田部　それでもなお「広告で（企業イメージを高める意味で）ブランディングしたい」という要望は多く、まだ認知がそれほどないような設立間もない企業からも、そうした話を聞くことがあります。

西口　「ブランドが高い便益を顧客に提供して、他とは簡単に代替できない独自性があり、次も買いたいと思っている『次回購買意欲』を持ってもらえるほど満足度が高い」という前提に立って事業主がブランディングを追求するならば、良いことだと思います。満足度の高い体験や便益を覚えてもらうため、思い出してもらうための有形無形のシンボルとして、ネーミングやロゴマーク、デザインやパッケージ、象徴的なタレント、テレビCMのアイデアなどがあるのです。

広告はときに、商品の魅力を本来以上に伝えてしまいます。しかし広告だけがすごくて商品の魅力と中身が伴わなければ、ブランディングは成立せずリマインド効果もありません。「広告を見て買ったら非常に良かったので、次も買いたい」という気持ちになれば、ブランディングは成功です。

戦略を見極めるのは事業側の仕事

田部　プロダクトの便益や独自性が非常に重要というのは実感しますが、テレビCM制作の現場ではそれを詰め切らないまま、クリエイティブの話に進んでしまっていることがしばしばあります。私はテレビCMを作る側も制作を依頼する側も経験していますが、何が商品の差別化ポイントかという議論よりも、見せ方の面白さや広告表現の話が議論の7～8割を占めることも多いのです。

西口　同じような経験がありますね。でも、WHO・WHATの部分が煮詰まらないまま表現で面白いことをやっても、伝えるべき便益が不明確になり、投資対効果は改善しません。

田部　私は広告を作る上でのオリエンが非常に重要だと思っています。「ターゲットはこうで、表現の振れ幅はこう」というオリエンは戦略的な仮説を立てながら制作しやすく、あとから検証もしやすいです。逆に「自由に面白いものを作ってくれ」というオリエンは方向性を見失ってしまいます。

西口　本来は事業主が見極めないといけないはずの、顧客戦略であるWHO・WHATの組み合わせを決めていない。もしくは決められないので丸投げしているケースですよね。「この要素とこの要素を入れて、広告を作ってください」とWHO・WHATの組み合わせに戦略性がなく、ばらばらに盛り込む要望を受けることもありますが、一貫性がないので、当然クリエイティブ側も制作に集中できません。永遠にクリエイティブを提案せざるを得なくなって、最終的にはどこかで見たようなフォーマットを真似する、という形だけのアプトプットに行き着いてしまいます。

ただ、事業主側がつかめていないWHO・WHATの組み合わせを見極めて、クリエイティブに落とし込むことができる優秀なクリエイターの方々もいるため、事業主側のオリエンが不十分でも、成功することがあります。そういう方々は商品の魅力を掘り下げて考えて表現を作っているので、ビジネス上のインパクトも残しています。

●―顧客は常に変化していくという前提に立つべき

田部　WHO・WHATを見極める重要性は、広告制作においても強く意識されるべきだと思います。これに関して、特にテレビCMのようなブランディングの現場では「『WHO・WHAT』はブレない1つを決めたら変えるべきではない」と思っている人も多いように見えますが、WHO・WHATは複数のパターンで存在するものですし、しかも時間経過で変わっていくものですよね。

西口　だいたいの既存商品の場合、ロイヤルカスタマーを見ると、ＷＨＯ・ＷＨＡＴの関係は複数パターンが成立しています。そのため「ブランドのメッセージは1つだ」「ブランドには一貫性がないといけない」と極端に考えて、すべての顧客に向かって同じ施策を打てば良いと考えるのはおすすめしません。サイズ感が異なるＷＨＯ・ＷＨＡＴが並列的に存在するので、基本的には全部に対応すればいいと思います。ただし、投資の順番や時系列など優先順位は考えないといけません。

見逃しがちなのは「顧客は常に変化していく」事実です。例えばニュースアプリのスマートニュース（以下、スマニュー）で行っていた「店舗のクーポンによるお得さでアテンションを集める訴求」は、当初はスマニューしかやっていませんでした。のちに何社かが追随してきてもスマニューが圧倒的に強かったんですね。しかし、顧客が価値を一度手にすると当たり前になってしまい、その時点でもう価値は下がっています。顧客の認識が変わり続ける以上、顧客が見出す価値は永遠に変わっていくものです。変化を意識して、新しく提案できる便益を考え続けないといけないのです。商品も売り方もずっと変えない企業は、顧客からは見えている競合企業や代替品に気づかず、あっさりと顧客を取られてしまいます。自分の考え方にこだわりすぎて顧客を見ていないから、顧客の変化に気づかないのです。

田部　顧客の中でもロイヤル顧客は重要ですが、一方で新規顧客を迎え続けないとビジネスは継続できない点も、忘れられがちだと思います。既存顧客に愛されている理由をブランドとして大事に

第2章

考えすぎてしまい、新規顧客を獲得できないでいるケースは見受けられますね。

西口　そうですね。どんなに素晴らしいビジネスでも、ロイヤルユーザーは一定割合で去っていきます。そのため、減少分を補って上回るだけの売上貢献をもたらす新規顧客の開拓は重要です。ロイヤルユーザーから得られる収益やLTV（顧客生涯価値）は大きく、1人が抜けた穴は新規ユーザーの10~20人に匹敵します。だからこそ、顧客の流動性や動態を設計しておくことが必要です。

田部　本日はありがとうございました。

西口 一希（にしぐち・かずき）

1990年P&G入社。ブランドマネージャー、マーケティングディレクターを歴任。日本と韓国において初のショッパーマーケティングを創設。2006年ロート製薬 執行役員マーケティング本部長に就任。『肌ラボ』『OXY』『オバジ』『50の恵』『デ・オウ』等60以上のブランドを統括。2015年ロクシタン代表取締役社長に就任、2016年グループ最高利益達成、アジア人初のグローバルエグゼクティブメンバーに選出され社外取締役に。2017年SmartNewsへ日米のマーケティング担当執行役員として参画。2年で日米累計5,000万ダウンロード、上場前の時価総額1,000億超えのユニコーン企業化に貢献し、マーケティング戦略顧問。事業コンサルタントと投資業務を行うStrategy Partners 代表取締役、顧客戦略構築を行うM-Forceの共同創業者。著書に『実践 顧客起点マーケティング』（翔泳社）、『アフターコロナのマーケティング戦略』（共著、ダイヤモンド社）、『マンガでわかる 新しいマーケティング』（池田書店）、『顧客起点の経営』（日経BP）、『マーケティングを学んだけれど、どう使えばいいかわからない人へ』（日本実業出版社）がある。

※本対談は、MarkeZineで連載されたものを書籍用に再編集したものです。
https://markezine.jp/article/detail/38583

第3章

「検索行動」に現れる心理がヒット率を上げる

3-1

「クリエイターが創りたい広告」ではなく「売上を作る広告」の意識

好感度狙いの大手企業のテレビCMの真似をするな

「ブランディング広告」という言葉があります。企業や商品のブランディングとは、多くの場合、人々から好感度が高いイメージを持たれる状態にすることを指します。しかし、どれほど好印象を持たれても、ただ思われているだけでは商品が買われない現象が現実に存在します。CMの好感度が高くても実際に購入されず、売れていない商品の存在に、きっと覚えがあるはずです。

指名検索を伸ばしていくことを目指す本書では、ブランディングを「あるカテゴリーにおいてもっとも想起されるようにすること」と定義しています。かっこよさやおしゃれなイメージを訴求して好感度を高めることがブランディングだとは定義していません。

「CM好感度ランキング」の中で、ランキング上位に名を連ねているものの、それがビジネスや事業売上、業績に有効な影響を及ぼしているとはいえない場合も見受けられますが、「そもそも好感度とは何か」を分解して考える必要があります。好感度が高い要因を分析してみると、出演タレントやアニメキャラクターのユーモラスさ、あるいはストーリーに対して視聴者が好感度を抱いているパターンがほとんどです。つまり、広告で訴求したいはずの商品やサービスに対して好感度を抱いているとはいえないのです。

このように、商品が主役とならずに出演タレントやキャラクターの印象ばかりが記憶に残る状態は、商品を買う理由を作れていないのと同じです。もちろん、大手企業の場合は別です。「世間に広く知られている」という認知がすでに十分にあり、商品のことを伝える必要がない。携帯電話の通信会社や何十年も売れ続けているビール飲料、洗濯洗剤のテレビCMなどがまさに該当します。

また、消費者からすれば選択肢が多すぎる場合は、イメージ・好感度の差が購買意向を高めることもあります。好きなタレントが広告に出ているからその商品を選ぶ、という層は確かに存在します。しかしこの戦略を採用できるのも大手企業の場合がほとんどです。

大手企業のテレビCMは必然的にその内容を好感度で勝負している場合が多くなります。競合の大半がテレビCMをしているため商品では差別しにくいからです。大手広告代理店に所属しているクリエイターも大手企業のテレビCMを手掛けている人が多く、また、タレントを主役にしてイメージやユーモラスさを伝える制作物を作るのが得意な人が多いのです。

しかし、ほとんどの企業は大手企業の戦略を真似すると失敗します。無駄なお金を使うことになります。そうであるにもかかわらず、もっともやりがちな過ちがこの「普段見慣れている大手企業の手法を真似してしまう」ことなのです。

初めて動画広告を打つのに、旬なタレント・有名なタレントをいきなり起用する。企業の好感度を上げるための動画広告をひたすら展開する。認知されることだけを目的にして、企業名をひたすら連呼する……。このような広告は視聴者側としても頻繁に目にするため、こうしたアプローチが「テレビCM的で効果がある」との思い込みがあるのかもしれません。

まずは、「勝負をしているフィールドがそもそも違う」と認識してください。前提条件が違うのです。ほとんどの企業はまだそのフェーズに達しておらず、時期尚早です。好感度は高い、しかし商品の魅力がよく分からない制作物への浪費は避けるべきです。

ちなみに、商品や商品の使い方のユースケースが主役になっている好事例は、「ダイソン」の掃除機です。吸引力や軽量化という商品の革新性と機能を訴求しています。ぜひ検索してYouTubeで一度チェックしてみてください。また、「Apple」のiPhone、アップルウォッチなども同様に、商品を主役にして製品の性能・能力を上手く訴求している好事例です。

●━「商品が主役になっているか」を判断し続ける

大手企業の手法を真似してしまう過ちは大抵の場合、広告を依頼する企業側に問題があります。特に、初めて動画広告を制作してプロモーション施策を打つ場合は、まるで勝手が分からないでしょう。だからといって発注先に制作を丸投げすることは禁物です。制作会社や広告代理店に相談する前に、事業の強みや商品を選んでもらう理由、提供できる価値などの言語化を腹落ちするまで行えているかどうかが、動画広告の成功と失敗を分けます。制作を丸投げにはせずに、効果を出すための手綱は最後まで自分たちで握り続ける心積もりでいましょう。

第4章で「クリエイティブジャンプ」という言葉が出てきますが、これは訴求ポイントをストレートに伝えるだけでは魅力は伝わらないので、表現で幅をジャンプさせる、という意味です。動画広告を制作する際にはこのクリエイティブジャンプを意識する必要が出てきます。一般的に動画広告は15秒の枠で制作する場合が多いのですが、この中で伝えられるメッセージはせいぜい1つくらいです。限られた枠内で伝えたい訴求ポイントを磨き込み、同時に、クリエイティブジャンプによってインパクトを残す必要もあるわけです。そのジャンプ度合いにおいて、飛躍しすぎていないかどうかを見極める視点が必要になります。

依頼側である広告主、つまりあなたの会社は自社商品の宣伝が目的です。そのため動画広告の制作過程では商品を主役にして、商品がいかに差別化されているのかで判断します。

ところが、制作会社や広告代理店のクリエイターの中には「どう面白くするのか」「いかにクリエイティブジャンプさせるか」が大きな目的になってしまっている人がいます。もしかしたら、広告を自分の作品のように捉えて「自分の特色を打ち出したい」「話題になる広告を作りたい」といった下心がある人がいるかもしれません。商品の説明をするだけの広告では、クリエイターとしての面白みや自分らしさを出せないと思うこともあるのかもしれません。

もちろん、クリエイターも売ることや商品の魅力を伝える目的を共有してくれているはずですが、商品の魅力が広告コンセプトに落ちているかどうかの判断を下すのは広告主であるあなたです。丸投げしては決して上手くいきません。まずは「商品が主役かどうか」を判断ポイントにしてください。

みなさんも視聴者としての立場で振り返れば、「面白いな」との印象だけが残って、何の企業や商品の広告だったのか、まったく思い出せないという経験に覚えがあるはずです。仮に面白いと思ってもらえても、商品の名前も利便性も伝えていない広告はほとんど検索されません。

●―「何を伝えたいのかを決める」のはあなた

動画広告の制作を社外の企業に依頼するのか、内製するのかを悩む場合もあるでしょう。予算などさまざまな都合と制約があるかと思いますが、できれば広告の動画制作はプロの方に頼むことをおすすめします。なぜならプロのクリエイターは「多くの人の気持ちを理解して、表現に落とし込む行為をし続けている人」だからです。年に何度かだけクリエイティブを行う人と、常にクリエイティブだけを続けている人とでは、当然ながらノウハウやアイデアの蓄積が違います。

よく見受けられるのは、依頼する広告主の担当者がクリエイティブに大きく口出ししてクリエイター気取りになってしまうパターンです。目に見える明確な成果物が作れて、表現の世界は好き嫌いを反映させられるので、つい楽しくなってしまうものです。戦略が固まっていないのに、不慣れな状態でクリエイティブ領域に参加してしまう人は意外と多いです。中途半端に素人として参加するのではなく、戦略を練る本業の部分に注力しましょう。

もっとも重要なことは、「対象顧客に向けて何を伝えたいのか」です。いずれにしても、インサイトやコンセプトなどの戦略を整理しきれるかがプロジェクトの成否を分けますから、何をお願いしたいのか、最初に戦略を練りきれるかどうかがすべてです。コンセプトをふわっと曖昧にさせたままで「面白くて、インパクトのある動画広告をお願いします」と頼んでも、良い結果は得られません。しかしこの、「インパクトのある広告を、クリエイティブの力で何とかお願いします」のやり取りは、制作現場で頻出しがちです。

商品を主役にしたコンセプトを自分たちで用意し、手綱を握り続けてください。そのために、事業を伸ばし、指名検索を伸ばすための戦略を隅々まで整理しましょう。そうでなければ、クリエイターが考えなければいけない余白が大きくなりすぎてしまいます。余白が大きいほど、クリエイターが創りたい広告に近づく可能性が高まります。依頼者のあなたがマーケティングの戦略や広告の設計全体をどれだけコントロールし、それが伝わるような依頼の仕方ができているのか、「売上を作る広告」に仕上げられるかどうかはあなた次第で決まります。

3-2 ホームランではなくヒットを狙うためのデータの活用

●━ まずは小さく試して確実性を高める

広告を当たり外れの大きいギャンブルにしないためには、どうしたらいいのでしょうか。企業は大金を支払っているので、狙いを外すわけにはいきません。場合によっては、同じ金額で新しく人を雇ったほうが、売上が上がる場合もあり得ます。確実性を高めて勝率を上げていかないと企業の存続にも関わります。また、テレビＣＭや動画広告などのプロモーション施策は、展開したあとの視聴者の反応を見てみないと結果が分かりづらいという特徴を持っています。

これらを踏まえると、プロモーション施策では「より失敗しないほうを選ぶこと」が重要です。失敗さえしなければ、勝つための次の手を検証できますし、改めてバッターボックスに立つチャンスが得られます。大枚をはたいてホームランを狙いにいったら三振してしまったり、しばらく再挑戦ができなくなったりするのは、もったいなすぎます。

失敗の原因としては、戦略のコンセプトに従ってプロモーション施策を練ったものの、「もう少しターゲットを広げたほうが売れるのかも」と欲が出てしまったり、クリエイターに対してコンセプトを伝えきれずにホームラン狙いの制作物になってしまったり……。もとの戦略以上に広いターゲットを狙いにいくか、深層心理に深く刺そうとするあまり逆にインサイトを外すか、まったく伝わらないなどして、大振りで外してしまうのです。まぐれ当たりでホームランになっても、ほとんどの場合は連続ホームランになりません。戦略通りに進めていけば、ヒットを打てるのに、です。大振りして外れる可能性のあるホームランを狙いにいくのではなく、施策を細切りにして、こつこつとヒットを重ねていきましょう。

Webマーケティングでは1クリック数百円という少額でテストを行い、ユーザーの反応を見てから次の施策を練ることができます。一方、テレビCMでいうと制作費・広告費は一般的に関東では約1億円～と高額で、狙いを外すとやはり損失が大きくリスクが高いといえます。また、これまでは費用対効果を測定しづらく、いずれにしても試しに少額でテスト広告を打つのは難しいものでした。

ですが、現在は指名検索数を指標にすれば費用対効果の測定ができます。まずは小さい金額で試して、その結果を次の施策に生かしていくPDCAサイクルを前提とした確実性の高い戦略をおすすめします。具体的には、比較的低予算で活用できる地方のテレビ局の枠で広告を1回打ち、その費用対効果を検証する、という方法を検討してみてください。コンセプトを基に放送・配信したら、対象顧客がその動画を見た瞬間に「欲しい」と心が動いてくれるかどうか。市場に対してその想像力を働かせられるかどうかがプロモーションの成否を分けます（詳細は第4章にて解説します）。

●━━ フェーズを見極めヒットの確率を上げる

ヒットを確実に放つ広告クリエイティブを作るためには、あなたの会社の事業がどのフェーズにいるのか、現在位置の見極めから始めてください。フェーズは次の2つに分けることができます。

- **商品・サービスの認知や理解を促進すべき「アーリー（初期）フェーズ」**
- **商品・サービスだけでは差別化ができないフェーズ**

自社商品がどのフェーズに位置しているのかによって、プロモーションのコンセプトはまったく異なるものになります（図3－1）。

「商品・サービスに認知がそもそもあるのかどうか」。これこそが、どちらのフェーズに位置しているのかの分岐点です。認知がなければアーリーフェーズにいます。特にスタートアップは何の企業なのかを知られていないだけでなく、何をしてくれる企業なのかすら知られていません。つまり商品・サービスとそのカテゴリーが結びついた状態で覚えてもらっていない段階です。また、新商

図3-1 フェーズごとに取るべき行動

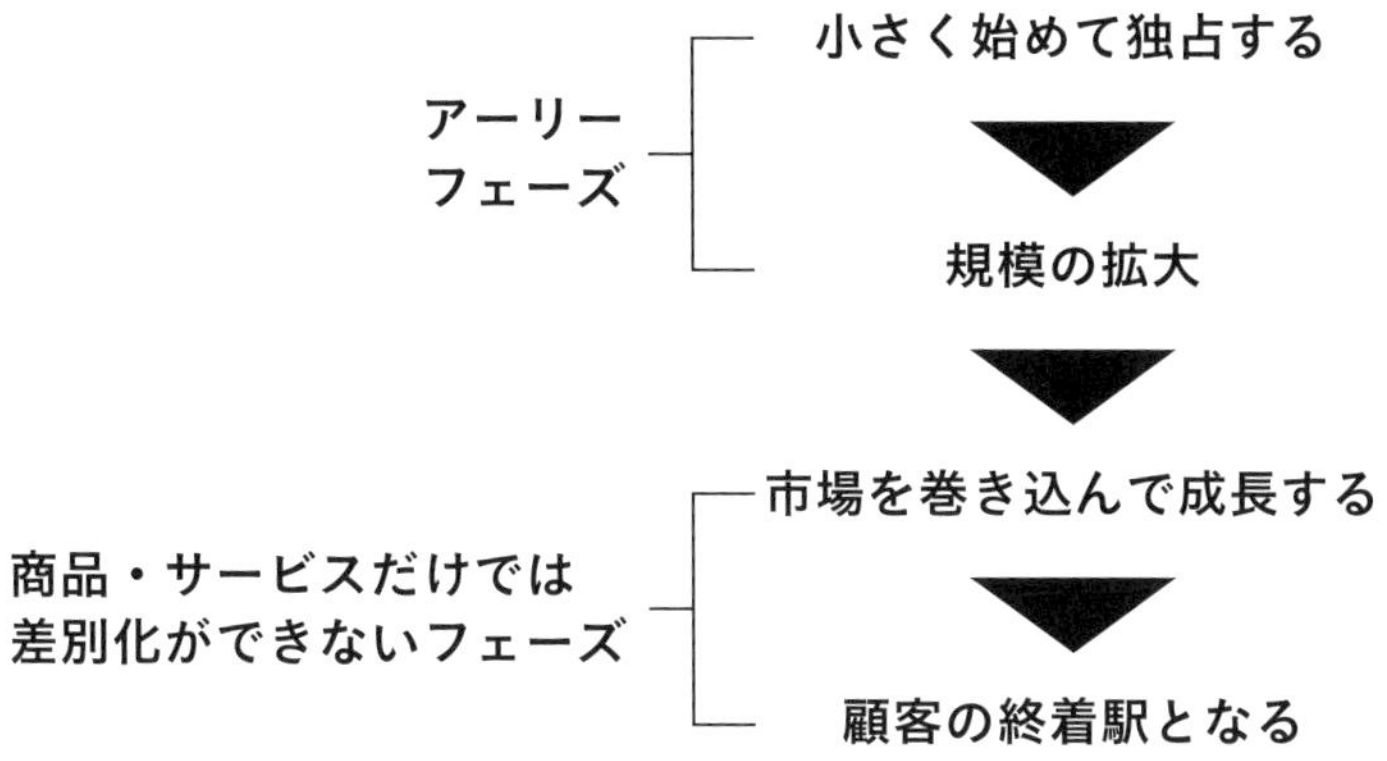

品を発売したばかりのタイミングも認知は0なので、アーリーフェーズに該当します。

このフェーズでテレビCMや動画広告を打つ場合、目指すべきは「商品・サービスの認知や理解を広げ、購入が検討される状態を作ること」です。そのためには、対象顧客への便益を正確に理解して明確にし、顧客ニーズや関心ごとを分析して、メッセージをコンセプトにして伝えましょう、とこれまでお伝えしてきました。

一方、認知や理解がすでにある企業の場合は、商品・サービスだけでは差別化が図れないフェーズに位置しているため、アーリーフェーズとは別の戦い方が必要になります。比較検討される中で、自社の「選ばれる理由」が認知される状態を目指します。

選ばれる理由が認知されるには、他社とは異なる独自性を追求することが必要です。場合によってはタレントの力を活用しながら、長期的な認知や好感度の醸成を目指していきます。商品自体の強みと魅力があることは前提にしつつ、それ以外の価値の部分で「選ばれる理由」を作っていくのです。先述の通り、大手企業の戦略です。

スタートアップや中小企業と大手企業の戦い方は異なるのに、ごちゃごちゃに混同している例はとても多いです。まずはどのフェーズにいるのか、現在位置を理解しましょう。

●―存在しない平均的な顧客像を設定してしまう罠

ヒットを狙うためには、戦略を練る際にデータを活用することが不可決です。第1章では「何のデータに注目したらいいのか分からない場合は、まずは8割の売上を上げる2割のロイヤルカスタマーから話を聞きましょう」とお伝えしました。ロイヤルカスタマーとそれ以外の顧客、この両者にある差に着目できるかどうか。それ次第で、ヒットの確率は大きく変わります。

例えばラクスルの場合、設立初期の頃は個人や個人事業主による名刺印刷の利用が多く、1人を1アカウントと数えていました。一方で、1万人の従業員がいる企業も1アカウントとして数えていました。つまり、数字の上では一個人も一企業も同じ1アカウントとして捉えていたということです。しかし、両者からの後々の売上規模は10倍以上の差があります。であるにもかかわらず、多くの企業では同じ1アカウントの数字としてしか見ていないため、重要視すべき対象顧客が分からず、機会損失を続けています。これらを分けて「偏り」に着目し、ロイヤルカスタマーの潜在ニーズを見極められれば、ヒットの確率を高められます。

ロイヤルカスタマーを見つけるアプローチは、法人向けビジネスのBtoB企業でも一般消費者向けビジネスのBtoC企業でも同じです。この思考を取り入れないと、いつまで経ってもデータの見方がよく分からない状況から脱することができません。ぼんやりした、この世に存在していないような平均的な顧客像（ペルソナ）を設定してしまい、「顧客は価格の安さを求めている」といった、どの企業の商品にも求められそうな必要最低条件の結論に至りがちです。

初めは仮説で構いません。ロイヤルカスタマーであろう、という人に当たりをつけ、ロイヤルカスタマーの声を聞きながら定量調査を行うことで、さらに仮説が生まれ、ヒットの確率を高めていくことができます。この順番を間違えて先に定量調査を行ってしまうと、自社貢献度の高い顧客ニーズに対して重み付けができず、「顧客は低価格を求めている」などと結論付けてしまいます。

そうならないためにも、まずはロイヤルカスタマーの当たりをつけ、話を聞いて「刺さる理由」の仮設検証を行い、定量化する。そのデータの中で少しでも違った方向性が見えたらまた定性的なインタビューを行い、顧客のインサイトを見極める。こうして定量調査と定性調査を繰り返してデータを活用することで、ヒットの確率を高めていきます。

3-3

戦略とクリエイティブの掛け合わせが肝

「私は優しい人です」を翻訳する

「私は優しい人です」と自分でストレートに言っても一方的な自己評価のため信用できませんし、相手に伝わらない可能性が高いでしょう。これと同様に、戦略の言葉はそのままでは顧客に伝わりません。戦略とは「なぜ」「誰に」「インサイト」「何を」「バリュー」「コンセプト」を決めることでした。戦略を翻訳して、広告制作物であるクリエイティブとどう掛け合わせるか。翻訳の仕方次第で、伝わり方に大きな差が出ます。

「もしクリエイティブで『優しさ』を伝えるとしたら」で考えてみてください。例えば雨の中で、道端に捨てられている子猫を保護してあげている人の姿を見かけたら、あるいは電車の中でお年寄りに席を譲っている人を見かけたら「あの人は優しい人だな」ときっと感じるはずです。この翻訳がクリエイティブ制作の過程では必要になります。

こうした作業の中であなたの果たすべき役割は、コンセプトの徹底です。決して翻訳やクリエイティブではありません。終始、戦略に忠実な人でいてください。

クリエイティブの企画を進めていく段階でも、判断のポイントは常に「自分たちが一番伝えたいことが、このクリエイティブで伝わるのか」の一点だけを見極めます。広告の制作においてもっとも悪手なのは、表現手段から先に決めてしまうことです。肝心な戦略がまったく反映されておらず、なんとなくいい雰囲気と気持ちよさは伝わるけど商品やサービスはまったく印象に残らない広告が世の中でいまだに多く見受けられます。念仏のように「戦略のロジックが先にあって、それを翻訳するのがクリエイティブ」と唱え続けてください。戦略とクリエイティブの掛け合わせはそれほど多くの人がつまずくポイントで、大企業のマーケターでも間違えることがあります。

「とにかくエモい感じで」「とりあえずTikTokでやりたい」など感覚や手段先行の議論になりがちですが、エモい（エモーショナル）と一口にいっても、感じ方は人それぞれ違いますよね。感傷的なのか、昔懐かしさなのか、優しさなのか、家族との思い出か、友人との淡い恋なのか。どの「エモい」を選ぶべきかはターゲット次第であり、そもそもエモさが必要なのかを判断するためにも、常に戦略に立ち戻るべきです。

繰り返しになりますが、もう1つ、「慣れ」も要注意です。広告制作を依頼する広告主側からクリエイティブを見る立場にいると、どんどん自分自身がクリエイティブ側へと寄っていってしまい、戦略を忘れていきます。そして、クリエイティブを作り続けていると自社の広告に飽きてしまう現象が起きます。

商品の内容や魅力はもう十分に伝わっているものだと、何のデータ的な根拠もなしに、自身の感覚だけで「伝わった」と判断をしてしまうのです。そうすると別の展開をやりたくなって、世間では「エモい」が流行っているからという理由だけでクリエイティブをエモに振ってみたり、違った角度から自社の魅力を伝えてみたりする。自戒の念を込めていいますが、慣れるほどに、無意識の飽きと惰性と慢心が、方向性を狂わせます。自分が飽きていても、視聴者はまだまだその会社名も商品名も知らず、認知が十分に広まっていない場合は多いのです。

クリエイティブに肩入れした結果、商品の魅力ではなくいつの間にかクリエイティブの面白さや表現方法で勝負してしまう。ホームラン狙いの施策ばかりになり、結果は何の効果も得られず……。

繰り返しますが、広告主の担当者がやるべきことは、顧客視点で戦略を構築し、客観的なデータに基づいてクリエイターと共創することです。すべてを決めているのは自分たち、事業サイドの人間だと肝に銘じましょう。

3-4 指名検索数の最大化がメディア運用のゴール

●── 残存効果を高めて右肩上がりのグラフを目指す

メディア運用では、指名検索数を指標に置き、日を追うごとに右肩上がりになっていく二次関数的なグラフをゴールとして目指しましょう。

以前、テレビCMに対して「正しい効果測定や適切な投資判断ができていますか」とアンケート調査を取ったところ、「できている」と答えるのは20％程度でした。しかも回答には主観が含まれるので、内実はもっと少ないように感じます（図3－2）。正しくすぐに計測できる手法を知らないため、今まで通りの既存の手法を続けてしまっているのかもしれません。テレビCMの効果測定も、広告代理店から報告がくるのは放映してから約1カ月くらいの場合が多く、リアルタイム性はありません。リアルタイムに指名検索を指標とすると、速く正しく効果測定ができます。

話を戻すと、右肩上がりとはすなわち企業の商品・サービスが認知され、今すぐに欲しいと思ってくれたり買ってくれたりする人が増え続け、累計で認知と購買意向が積み上がってきている状態

図3-2 テレビCMの正しい効果計測と適切な投資判断

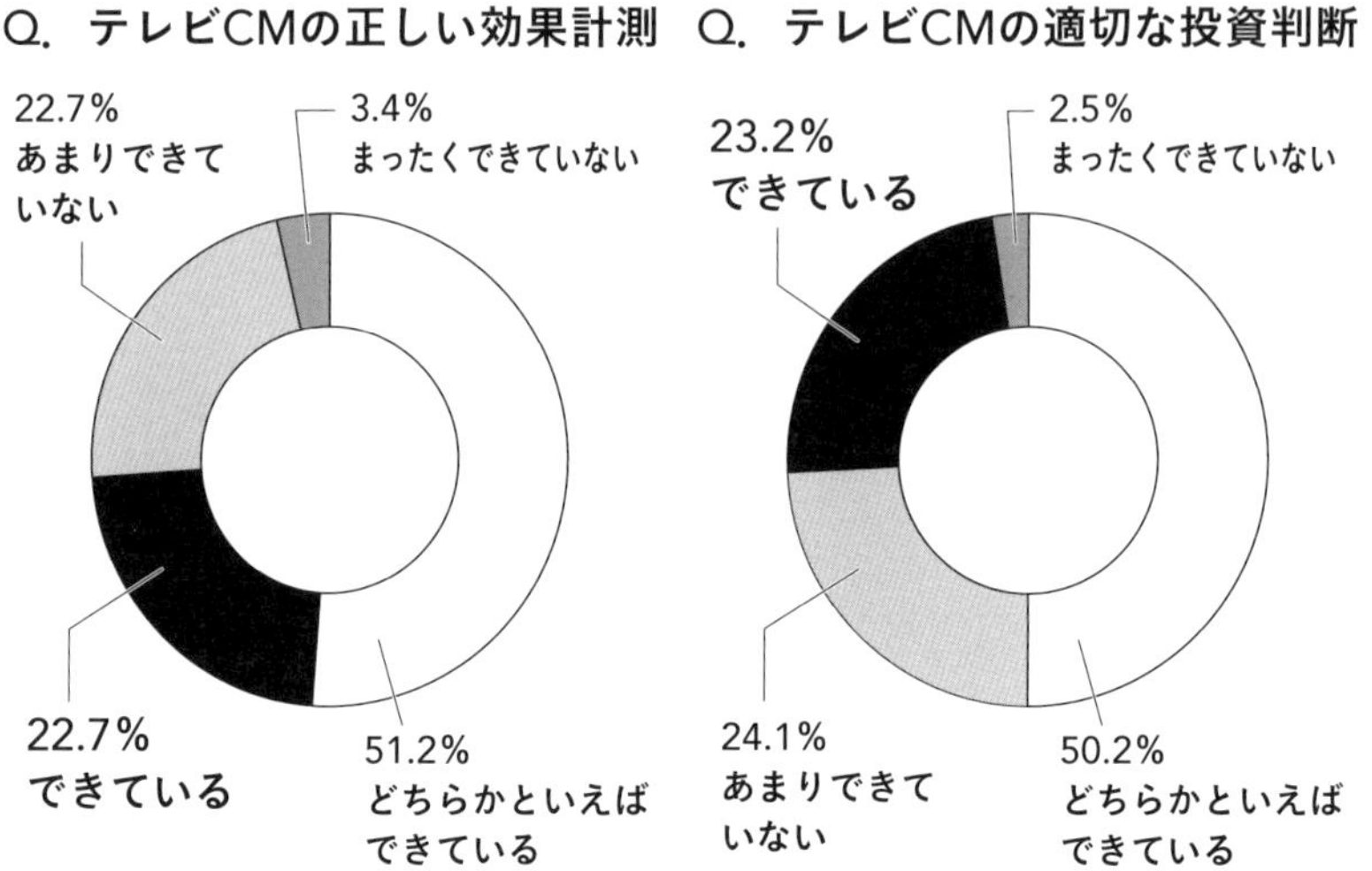

です。右肩上がりこそが「指名検索数が最大化」されている状態で、上下に激しくクネクネと同じ高さを行ったり来たりしているグラフを描く場合は失敗です。

例えば、ピンポイントの期間でプロモーション施策を集中投下し、指名検索数が一瞬だけ3倍に跳ね上がったものの、半年後には元通りの0に戻ってしまった。この状態は瞬間最大風速を観測したにすぎず、打った広告に対しての残存効率が悪く、失敗だといえます。月に3億円を使って大量のテレビCMを打てば、そのひと月だけ大量の認知を得ますが、それきりで止めてしまえば、以降は落ち着いて元通りになります。これでは投じた広告費が投資ではなく浪費になってしまい、非常にもったいない。

そうする代わりに、3億円を3回に分けて打つほうが、指名検索のグラフは右肩上がりになる可能性が高いのです。もちろん、このように小分けに展開するアプローチ方法ですべてのケースを解決できるわけではありませんし、初速を出すために一気にCMを大量投下する場合もあります。

ラクスルは、現在「ネット印刷」「印刷通販」などのカテゴリーを表すキーワードよりも「ラクスル」が多く検索されていて、「安くて早い印刷を頼むならラクスル」という認知を得ている状態です。5年前に比べて、そう思ってくれている人が20倍に増えたことになります。認知されて残存が確認され、指名検索数が増えている状態が継続しているかどうかに着目してください。そのためには、指名検索数のデータを日頃から見る癖をつけてください。

指名検索される右肩上がりの状態が続くためには、戦略・クリエイティブ制作・メディア選定の3つが揃う必要があります。これらのすべてがセットになって初めて検索が動きます。

成功要因や、逆に検索行動が生まれない原因を理解するには、細かい検証とチューニングが必要です。クリエイティブが足りなかったのか、それともメディアの選定に問題があったのか。A／Bテストのように細かく差分を調整してテストを行えば、瞬時に明らかになるのが指名検索です。

早いタイミングで結果が分かり、早いタイミングで手を打てます。ビジネス環境の移り変わりが早い現代では、これほど強力な指標はありません。

3-5 指名検索を共通指標とすれば、リアルタイムに効果が見える

● 検索行動は「テレビの話題が瞬時にSNSトレンド入りするのと同じ」

テレビ番組で取り上げられた話題がすぐにTwitterのトレンド入りするのと同様に、その場合には検索数も跳ね上がっています。職業の秘密をプロ目線で紹介するTBSのテレビ番組『ジョブチューン』で取り上げられた企業は、放送時間から急激に検索数が伸びます。動画広告やテレビCMも同様で、上手くいったらすぐに検索数が伸びます。

これまでは動画広告やテレビCMの購買への影響を瞬時に計測する指標が存在しませんでした。広告が視聴されたからといって、購買にどれだけ結びついたのかは判然としなかったからです。しかし指名検索は、リアルタイムに効果を計測できます。興味のない人はわざわざ検索行動など起こさないからです。

指名検索とはWebマーケティングの「早い」「精度が高い」という利便性の高さを動画広告やテレビCMにも応用した統一指標です。とりわけ、自社の認知や購買意向、CPA（顧客獲得単価）

という費用対効果をデジタルで測定する場合において、私は指名検索は必須な統一指標だと考えています。

例えば、気象情報のアプリのデータを見てみると、検索されたりアプリがダウンロードされたりするのは、雨の日が断然多いことが分かります。ここから逆算すれば、雨の日に動画広告を打つと効果を最大化できることが予想できます。そして雨の日に打ってみた結果、雨の日に動画広告を打つほうがそうでない日の2倍ほど効果が高く出ることが分かりました。こうしたデータも1～2分で反映され、翌日には、前日の丸一日分というまとまったボリュームでのデータ分析が可能です。

●━ 指名検索を統一指標にすれば生産性もアップ

視聴率、ブランドイメージ、売上との相関関係、認知、購買意向……。さまざまな指標がある中で、多くの企業にとって、統一されたマーケティング指標はありません。指名検索数をマーケティング指標として、その数を追うメリットは、リアルタイム性と合理性、デジタルデータの精度の高さにあります。その場で効果が可視化されるので、メディア展開した効果の検証をリアルタイムに行えて、すぐに次のアクションへとつなげられます。

また、指名検索を自社マーケティングの共通指標にすることで、仕事の生産性を高めることができます。コロナ禍以降、世界のデジタル化の状況が横並びで可視化された結果、日本のDX（デジタルトランスフォーメーション）は非常に遅れている現状が浮き彫りになりました。加えて日本は人口減少社会ですから、人手不足は待ったなしです。

指名検索は、その解決の一助になると考えています。指名検索を統一指標にすることで余計な判断を省略し、さまざまな人の解釈が入り込まず、複合的な相関関係を計算する必要も分析に費やしていた多くの時間も、どのデータが正しい、正しくないといった判断のための会議も必要なくなります。客観的に使える統一指標を導入することで、生産性を大きく改善できるはずです。

また、Yahoo! JAPANの調査では、検討の起点が指名検索の場合は、そうでない場合と比べてコンバージョン率が12倍も違ったそうです（起点：ユーザー群がYahoo!検索から商品・サービスのサイトに遷移する際に、最初に検索したキーワードのこと。集計対象期間：２０２１年4月1日～30日。旅行業界平均。Yahoo! JAPAN調べ）。直感的にも理解できることですが、指名検索して訪れた人は購買率も高いことが示されています。

このように、動画広告の効果測定の可視化と統一指標による生産性の向上は、多くの人の働き方をも変えるでしょう。

3-6 ターゲットに届けることを最優先にメディアを検討する

TikTokか、テレビCMか？ メディアはターゲット次第

地上波のテレビCMを筆頭に、動画広告にはYouTubeやTVer、ABEMA、TikTokなどさまざまな枠が存在します。自分で作ったYouTube動画に広告費を払って、広告として拡散・ブーストさせる手法もあります。

どのメディアを選んで放送・配信するのが最適解なのか。まず考えるべきはターゲットの選定、すなわち「誰に」届けたいメッセージなのかを最優先に決めることです。何度も強調しますが、「誰に」が最初の起点になります。「誰に」が決まれば自ずとクリエイティブやメディアを決定でき、この流れをワンセットで実行していけば、検索行動は最大化されるでしょう。

メディアは、それぞれボリュームゾーンとなっている世代が異なります。例えば地上波のテレビなら、視聴者の中心は30代以上で、10代以下の視聴者は少ない。逆にYouTubeやTikTokは、若い世代のほうが多く視聴しています。

第3章

若年層向けの商品を魅力的に伝えたいのであれば、メディアはTikTokがいいかもしれません。TikTokならスマホで集中して見てもらえる可能性が高い。世代的にテレビのながら見もしていなさそう。でもNetflixは見ているかもしれない。だったら、この環境下で流れても興味を持ってもらえるようなクリエイティブは何だろうか、とターゲットを起点に考えていきます。あるいは、40代の高所得者向けの商品の広告であれば、テレビCMで視聴される可能性が高いと想定してクリエイティブを作り、メディアを選定する。テレビ視聴ならスマホを片手にながら見をしている可能性が高いから、その環境下で観てもらえる前提でクリエイティブを作ろう、といった具合です。さまざまなメディアの中から何を選んで動画広告を流すのがもっとも対象顧客に刺さるのか、メディア特性と合わせて検討してみましょう。

残念ながら、世の中では往々にして、ばらばらでチグハグな、決して効果の出ないアウトプットになる現象が頻出しています。せっかく戦略とクリエイティブが素晴らしくても、まったくターゲットにそぐわないメディアを選定してしまっては、効果が最大化されません。しかしこれもまた、先にメディアありきで話が進んでしまうことから頻出する現象です。「最近はTikTokが流行っているらしいから、「TikTokで何かやろう」「一度TVerやABEMAを試してみたい」と、まずはメディアありきの企画が進んでしまう。そうなってしまう理由は、広告主側の担当部署や担当者がメディアごとに分かれているからです。テレビCMにいくら、YouTube広告にいくら、と先に予算を割り振ってしまう。この方法は、おそらくマスメディアが機能していた時代の名残です。

かつてはテレビ、新聞広告、ラジオ、交通看板……と必要な予算の大きいほうから順に割り振っていた時代がありました。しかしこのやり方は「過去がそうだったから今もそうしている」というだけの習慣的な理由でしかありません。

本来は先に「誰に」「何を」届けたいかという戦略があるべきで、たどる順番が逆なのです。先に「このメディアに合ったこの商品の魅力は何か?」とメディアありきで決めて、逆順で戦略を決めていってしまうと、ターゲットや商品の伝えたい魅力、つまり戦略そのものを狭めることになりかねません。TikTokで広告を流すことを先に決め、あとから年配向けの商品をどうやって売るのかを考えるという順番では、無理があります。

そうならないためにも戦略担当、クリエイティブ担当、メディア担当を横串で通してすべてをマネジメントできるCMO（最高マーケティング責任者）のような立場の人を置くべきです。そうでないと、クリエイティブとメディア選定がブレてしまうことになります。

「誰に届けたいのか」が定まれば「何を届けたいのか」が決まり、自ずと「どうやって届けるのか」の戦略が決まっていきます。戦略立案とクリエイティブ制作、メディア選定はセットで考える必要があります。これらは有機的につながり合うことで初めて効果が最大化されるため、分けて考えるべきではないのです。

3-7 いまだに蔓延る「テレビVS.Ｗｅｂ」の誤った対立構造

●─ 混ざり合うデジタルとリアル、混ざらない世代間の分断

テレビの人はＷｅｂのことが、Ｗｅｂの人はテレビのことが分からない。この分断は慣れ親しんできたメディアが世代によって異なることで起こっている現象です。現在、テレビとＷｅｂは想像以上に融合が進んでいるのにもかかわらず、世代間の分断によって機会損失が起こっています。

２０１９年にデジタルマーケティングの広告費が２兆円を超え、地上波のテレビ広告費を超えたニュースが話題になりました（２０１９年「日本の広告費」電通発表）。２０２２年には、インターネット広告は好調に伸び続けて３兆円を突破。この潮流はしばらく続くと予想されます。

デジタルマーケティングの広告費が増加を続けている理由の１つはインターネット関連のビジネスが増えてきた点、もう１つは費用対効果を計測して運用できる点が挙げられます。

Ｗｅｂマーケティングは ＣＡＣ（顧客獲得単価）と呼ばれる指標に基づいて、商取引やダウンロードなど１件当たりの費用対効果がすべて分かりますから、ＰＤＣＡを回す運用が行えます。つま

り、限られた人の特権だった広告効果の計測が自分たちでもできるようになったことで、「広告の費用対効果の民主化」が起こったのです。広告主から見れば、費用対効果が分かる広告にシフトしていったのは当然の流れで、Ｗｅｂマーケティングの市場が伸びてきたのは必然でした。

一方のテレビ広告は、「延べ視聴率」という数値を指標にしつつも、視聴した人がどういう印象を抱いたのか、認知はされても購買意向も高まったのかといった効果が判然とせず、費用対効果やＣＰＡが分かりにくい時代が長く続いてきました。効果を測るにしても、特殊な市場調査に時間を必要とするため、検証して次のアクションを起こすまでに至りませんでした。

●── テレビの費用対効果を測るには

ここにきて近年、注目を集めているのが「運用型テレビＣＭ」と呼ばれるテレビＣＭの費用対効果を測る取り組みです。テレビＣＭの流れた時間にどれだけ指名検索されたかを計測し、その結果を次のプロモーション施策に反映させることで、ＰＤＣＡを回して運用ができるのです。もちろん、検索をしても必ずしも買うわけではない人もいるため、完全指標ではありません。ただ、指名検索を指標にすることのメリットは、繰り返しになりますが、早さの面でリアルタイム性を持ち、客観的に積み上げられた正確なデジタルデータである点です。また、横串で刺した統一指標として運用・管理を行えます。ＷｅｂマーケティングのデジタルワールドとテレビＣＭなどのアナログワールドとの境界線は徐々になくなりつつあります。検索による流入を効果測定の指標にすれば、その結果が瞬時にデータとして反映されるので、施策が良かったのか悪かったのか、デジタルマーケティングと同様の費用対効果を測りながらの運用が可能になるわけです。

ノバセルでは、「3分指標」というテレビCMが放映されてから3分以内にどういう検索行動が起こったのかを計測できる特許を取得しています。テレビCMと指名検索の相関性の高さは、大量のデータから関連性を分析して導き出しました。テレビは運用型テレビCMで効果測定ができるようになった一方で、デジタル側は、入口の認知をいかにWebで広げるか、YouTubeを使って認知を取る動きが出始めています。

以前お伝えしたように、人が購買に至るプロセスのファネル図の中で、広い入口部分はマスマーケティングが強く、購買に至る出口の狭い部分はWebマーケティングが得意な領域でした（89ページ）。入口がマスになるほどその間口の広さゆえに費用対効果が測定しにくかったことは、直感的に理解できるのではないでしょうか。

ファネルを上から下に降りていく、この流れはどの過程も欠かせないので、商品・サービスを認知して入口（潜在層：アッパーファネル）に入る人の数が増えてくれないと、購買意向の高まった中間層（興味・関心層：ミドルファネル）、購買・注文に至る出口（顕在層：ローワーファネル）の人も増えてくれません。各過程のどの位置にいる人も連動しているものと認識した上で費用対効果を測るべきなのですが、かつてあった「費用対効果が分からない」問題から端を発すると、なぜか「テレビVS.Web」という二項対立が生まれ、デジタルに軍配が上がるという話になりがちです。メディアも好んで「テレビVS.Webの対立」のようなテーマを立てることが多いので、まるで対立があるかのような印象を持つ人もいます。

●――テレビとWeb、対立の誤解を生む「年齢」

対立が存在するかに見えるもう1つの理由に「年齢の壁」があります。大きく分けると30歳を境に、30歳以下はインターネット、31歳以上はテレビの視聴時間が長いというデータがあります。40〜60歳くらいまでは団塊ジュニア世代が含まれていて、日本の総人口の中で最大のボリュームゾーンを形成しており、テレビを見る人のほうがまだまだ優勢です。このような年代ごとの視聴態度の傾向を知った上で、メディア選定をしてプロモーション施策を打つ必要があります。

先ほどのTiktokとテレビCMの例と似ていますが、10代向けの商品をテレビCMに中心に展開しても、ほとんど視聴されない可能性がある一方で、SNSやWebの広告を使ったほうが費用対効果は高い可能性があるでしょう。逆に、60〜70歳向けの商品なのにデジタルマーケティングだけで施策を打っても、効果は限定的です。

テレビに親和性の高い年齢層なのか、デジタルと親和性の高い年齢層なのかは、グラデーション状に重なり合っていますので、0か100かどちらかの話ではなく、ターゲットに合わせてどちらをより強く意識するのかを検討してメディア選定を行ってください。

●――マーケティング担当者の「年齢の壁」

もう1つ、年齢の壁による分断が存在します。40歳くらいを境にしてWebに触れてきた人とあまり触れてきていない人の分断です。私は現在42歳で、2004年に新卒で就職していますが、ちょうどその頃にWebマーケティングが登場し始めました。それよりも前の世代の人たちは、デジタルマーケティングに直接はあまり触れないまま今日まで過ごしてきて、広告主には「デジタルマーケティングは専門外だ」と考えている人が多い印象があります。もちろん年齢の壁を超えて知識をキャッチアップし、両方に通じている人もいます。

逆に40歳よりも下の世代になると、テレビや新聞、交通広告などオフラインのプロモーション活動を行った経験がない人が多くなります。第1章で述べたように、マーケティング部門の中にすべてのマーケティング機能が集約されている企業は少なく、多くの企業ではデジタルのマーケティング部門とオフラインのマーケティング部門が分かれてしまっています。そしてそれぞれ別のトップが立っており、それらを統合する動きもないまま、別々の人が別々の指標で見ているために、お互いに相容れない構造になっています。そのため、「デジタルのほうがいい」「オフラインのほうがいいい」と広告施策が水掛論で対立してしまう大手企業は多いと聞きます。

私は、テレビとwebを二項対立で捉える意識はまったくなく、どちらのいい部分も使っていくことをおすすめしています。「デジタルシフトしましょう」と提案され、デジタルマーケティングを主体にしてこれまでのテレビCMを完全に放棄してしまうといった極端な事例も実際にあります。ある企業は40～60代以上向けの商品もたくさんあるのに、デジタルシフトの号令のもとにテレビCMを一切止めたのですが、今はまた復活してテレビCMを打っています。

この失敗もメディア選定という手段から入ってしまっている悪い事例です。業務をデジタルシフトする分にはいいのですが、メディアをデジタルシフトするかどうかは、対象顧客がデジタルシフトしているかどうかによって判断するべきです。自分たちの商品の対象顧客を見ずに手法だけデジタルシフトしてしまっても、狙い通りの効果は得られません。

この「デジタルしか分からない人はデジタルだけで発想」し、「テレビしか分からない人はテレビだけで発想」してしまうという罠に、当事者たちは気づいていません。対象顧客とメディアの間には、親和性の高さと低さが存在するとイメージできないのです。

このような分断はなかなか解消するのが難しい問題ですが、本書の読者のみなさんには、どちらも上手に使いこなせる人になっていただきたいと思います。

第3章

3-8

顕在層に商品を届けるだけでは顧客数は伸びない

● ― 潜在層にリーチするための動画広告

消費者が購買行動を起こす際の心理的プロセスを示す、さまざまなモデルがこれまで提唱されてきました。1920年代から提唱され、長く使われてきたモデルの略語がAIDMA（アイドマ）です。消費者は最初に製品の存在を認知し（Attention）、関心を持ち（Interest）、欲しいと感じ（Desire）、欲求を記憶し（Memory）、購買行動を起こす（Action）とされていました。

ここに変化を起こしたのが、「インターネットで検索をして商品を探す行動」の登場です。これに伴い、2004年にAISAS（アイサス：Attention、Interest、Search、Action、Share）モデルが電通により提唱されました。AIDMAに対して、検索（Search）と情報共有（Share）が含まれている点が違いであり、大きな特徴です。

比較的最近では、2011年にGoogleが提唱したZMOT（ズィーモット：Zero Moment of Truth）がありあます。これは「人は来店前に、何を買うか下調べをしてすでに決めている」といったモデルです。

また、2022年にはアルゴリズムで視聴者に最適化された情報による認知から、購買、情報共有までを一気通貫で結びつけられるファネルを所有しているとし、ALSAS(アルサス：Algorithm・アルゴリズム、Sympathy・共感、Action・行動・購買、Share・共有)モデルも登場しています。

それぞれファネルは共通して「知って、興味を持って、購入する」という一般的な流れがあるものの、さまざまなメディアやプラットフォームは異なる特性を持っています。20年ほど前まではテレビ一強だった時代から、パソコンの中のテレビ番組やYouTubeの中のテレビ番組、テレビ画面で観るYouTubeなどが次々と登場し、現在はテレビとデジタルの境界線が溶けて混じり合っています。いまや1つのファネルだけでは語れない時代ともいえますが、本来はそれぞれの特徴を生かした戦略を考えなければなりません。

しかしメディアの多様化が進むほどに指標は複雑化し、よく分からない世界になっています。最終的に目指すべきは購買行動の指標化ですが、購買の部分だけを指標化してしまうと、店舗などのオフラインで行われる購買がどこから至った行動なのかを補足できず、早くて正確な指標を設定するのが困難になってしまいます。

今後、メディアなどの媒体やプラットフォームが増えていく中で、どの媒体を経由しても早く正確に捉えられる指標としても指名検索は有効であり、指名検索を提唱しています。

●── 潜在層を顕在化させるためのアプローチ

検索されるには、基本的に知られていることが前提です。いい換えれば、新商品や新しいサービスが登場した瞬間は誰も知らないので、顕在層が存在せず検索されません。

2014年時点のラクスルは、実は現在と商品構成はそれほど変わっていません。では当時、まったくもって売れていなかった理由は何かというと、単に「ラクスルが知られていなかったから」です。知ってもらい、購買意向が高まって初めて買ってもらえるわけですが、とりわけデジタルマーケティングの場合は顕在層に向けたアプローチに終始して、潜在層を顕在化させるのは難しいのです。すると、特に、インターネットサービスに閉じている商品はWebだけを通じた集客と購買の限界に突き当たり、一定数にリーチし尽くし、やがて飽和を迎えます。

その先へ進むために、動画広告やテレビCMなどのメディアを使って潜在層へリーチを広げていきます。場合によっては、チラシの配布や代表のセミナー登壇、メディア露出なども必要になるでしょう。

近年上場したスタートアップの多くは、業績が伸びていく過程の中でテレビCMを打っています。当然その過程では、より広く知られるためのアプローチを作っていく必要があります。例えばメルカリはWebサービスの企業ですから、最初はWebマーケティングから出発し、次第にWe bだけではリーチできない層向けのプロモーション施策としてテレビCMを増やしていきました。「テレビCMはオワコンです」「最近はテレビを見る人が減っています」「これからはデジタルシフトしましょう」などの情報が流れてきた場合に、その流れに乗ってしまって、判断を誤ることが多く見受けられます。

確かに、テレビ視聴者の絶対数は減ってきていて市場規模は縮小傾向にあるという全体観は間違いないのですが、一方で50代以上のテレビ視聴時間はインターネット利用時間の倍以上あるという事実もあります。つまり、戦略による使い分けが重要なのに、大味な捉え方をしてしまうのは非常にもったいないことです。

マーケティング活動で大事なことは「認知を科学すること」で、まずは知られることが第一のスタート地点です。どれだけ良い商品を作っていて差別化を図れたと胸を張っても、知られていないものは誰からも欲しがってもらえず、買ってもらえることはありません。情報があふれ、商品点数の多い現在の環境下では、黙っていても売れるということはまずありません。

良いものを作った上で、いかに知られるかを考えましょう。特に、「差別化された認知」を強く意識する必要があります。何が違うのかが知られないと買ってもらえない時代にいることは、マーケティング活動の大前提条件です。

対談

鹿毛 康司 氏

株式会社かげこうじ事務所代表
マーケター／クリエイティブディレクター

マーケターは人間の煩悩とどう向き合うべきか

●――「ターゲット」という言葉の危うさ

田部　マーケター／クリエイティブディレクターとしての鹿毛さんのマーケティング観を教えてください。

鹿毛　マーケティングは最終的に売上獲得へつながらなければならないと僕は考えています。売上はお客様の「ありがとう」の総量です。お客様から「ありがとう」と言われ続けない企業は、存続できません。短期的に売上を伸ばすマーケティングの方法はありますが、中にはたちの悪い手法も含まれます。たちの悪いマーケティングはターゲット（想定顧客）を餌食のように捉え、「刈り取り」や「囲い込み」などの言葉が多用されている印象です。一方、たちの良いマーケティングは、手法を悪用することなくお客様の心を動かします。そして、人の心が動いたときに売上・利益は上がるんです。私が過去に手掛けて成功した案件はすべてそうでした。

田部　私も社内では「ターゲット」という言葉を禁止しています。もともとは軍事用語ですし、外資系企業のマーケティングメソッドが輸入される過程で、言葉がそのまま使われているのでしょう。

鹿毛　海外でも日本でも、マーケティングの用語や手法を正しく使っている企業には志がありますよね。僕の尊敬しているAppleがそうです。Appleは自社の商品によって「こんな生き方ができる」という大きな価値を提案しています。価値を届けるためにお客様をセグメンテーション（区分け）し、価値によって喜ばせられる人をターゲティングする。ターゲットという言葉を使っていても、Appleは真理を捉えていると思います。

●── 誰の中にも女子高生がいる

鹿毛　同じ気概を感じる人物が日本にもいます。携帯音楽プレーヤー「ウォークマン」を開発したソニーの大曽根幸三さんです。大曽根さんはポータブルＣＤプレーヤーの開発に当たって、大きさが重要だと考えました。そこでまず、ＣＤジャケット４枚分の厚さの木型で原寸大模型を作ったそうです。木型を手に取った大曽根さんは「この大きさでこそ、みんなが喜んで使う製品となる」と商品のサイズを決めました。調査結果やデータを参照するのではなく、自分の中にいる消費者と会話をしながら決定したわけです。

何かを伝えたり広めたりする際にマーケティングは有効ですが、その「何か」を形成する最初の一滴は、マーケティングでは生まれないと思います。Appleやソニーのような企業は、血の一滴の先にマーケティングを実行しているはずです。最初の血の一滴の価値を理解すれば、マーケティングも上手くいくと思います。

田部　とはいえ、マーケターが血の一滴を自分ごと化するのはなかなか難しいですよね。ノバセルは「自分が欲しいものを作る」という原点から生まれたプロダクトで、私自身がＮ１（１人の顧客）ですが、マーケターはときに女子高生向けの商材を担当しなければなりません。鹿毛さんがさまざまな世代を理解してプロモーションを実行できる理由は血の一滴にあるのか、それともテクニックや経験によるものなのでしょうか。

鹿毛　実は、誰の中にも女子高生がいるんです。例えば映画『君の名は。』を観て、主人公の女子高生・三葉が恋をする姿に共感して涙を流した成人男性はたくさんいると思います。映画を観た人が主人公の心理に近づけるよう、監督や演出家が緻密に作り込んでいるからです。

●――あなたは「マーケター」or「マーケティングワーカー」?

鹿毛　自分の中の女子高生に近づくためには、ステレオタイプを捨て去らなければなりません。女子高生は往々にして「恋愛の話を好む」「複数人でつるむ」などのイメージで語られがちですが、世の中にはさまざまなタイプの女子高生がいます。多くの人は、ステレオタイプに分類することをマーケティングだと勘違いしているのではないでしょうか。恋愛に興味がない子や、1人で過ごすことを好む子もいるかもしれないのに。

大人になった僕だって、招待されたパーティーに知っている人が1人も来ないなら行きません。この心理は、複数人でつるむのが好きな女子高生とほぼ同じです。対象を理解するためにはまず、自分の中に対象と同じ心・気持ちを見出します。その後に女子高生と話をするのです。「僕は女子高生のことは分からないから」と自分の中に見出しもせず、当事者に聞いて教えてもらおうとしても、それはマーケティングとはいえませんよね。

田部　鹿毛さんは「人間の本質は変わらない」という前提に立っていることが分かりました。多くの人は「インサイトが世代や属性によって異なる」と考えているため、調査やデータに頼ってしまうのだと思います。そうではなくて「人間の根底にある感情や欲求は同じ」という前提を持つこと

第3章

が大事なんですね。

鹿毛　まずは「人」に想いを馳せるべきだと思います。自分では分からないから誰かに聞いて、聞いたことを分析・分類するだけの人は、マーケターとはいえません。それはただのマーケティングワーカー、作業者ですよね。

●──心のパンツを脱げ。本人も見えていない95％の「煩悩」を見つめよ

鹿毛　以前、築地本願寺の住職と話す機会があったのですが、住職によると人間は5％の顕在意識で動いているそうです。残りの95％は潜在意識で、仏教では潜在意識のことを「煩悩」と表現します。僕たちの中には煩悩があり、煩悩は人類共通のものです。その煩悩に対して価値を提示するのが企業であり、商品・サービスだと思います。

田部　煩悩ってめちゃくちゃ面白いですね。「インサイト」は広告業界でよく使われますが、95％が潜在意識なのだとしたら、インタビューや調査からインサイトは出てこないことになります。

鹿毛　一対一の調査手法「デプスインタビュー」を行う際、多くのインタビュアーは「なぜ」とストレートに聞こうとしますが、僕はそうしません。「なぜ」と問うと相手は必ず理屈を探すからです。人間の顕在意識はたったの5％。本人が「自分の意思で選んでいる」と思っていても、調査で得られた発言の全部を信用するのはやってはいけないことだと思います。これは顕在意識を否定し

ているわけではなく、本人にも見えていない95％が存在し、それをマーケターが見つけなければならない、という話です。

95％の部分、つまり煩悩を知るためには、心のパンツを脱がなければなりません。でも、心のパンツの中を見過ぎると鬱になります。それぐらい見るに堪えないものを抱えて人間は生きているのです。ただし、真のマーケターになりたいなら嫌なものも見ないといけない。嫌なものを見ずに人の心なんて分かるはずがないですよね。

●― クリエイティブで刺すためにはポジショニングを変えることも重要

田部　鹿毛さんがクリエイティブに向き合うスタイルの特徴は「マーケティングとクリエイティブを分業せずにやる」点にあると思います。このスタイルは新しいのと同時に大変合理的だとも感じます。両方をやることによってコアメッセージとアウトプットとのズレを解消できるからです。

一方で、顧客の心を理解してからいざ「クリエイティブで表現しよう」となった際に、やはりどうしてもヒットにならないファール、つまり対象顧客に刺さらないクリエイティブは発生してしまうと思うんです。この「狙いと結果の距離の問題」を鹿毛さんはどうクリアしていますか。

鹿毛　例えばある女性が「優しくて収入が平均以上の男性」との出会いを望んでいるとします。そこで男性が「僕は優しくてお金持ちです」とストレートに言っても嫌われますよね。広告も同じで、見つけたものをそのまま言語化することは、クリエイティブとはいえません。では、尺が短いテレビCMで「優しくてお金持ち」を表現するためにはどうすれば良いか。例えば高級腕時計をはめた男性の手元を映し、サラダを取り分けて女性に渡すシーンで表現することはできますよね。そんな要素をたくさんちりばめて、15秒で何かを匂わそうとするのがクリエイティブです。

広告主がここを理解するかどうかで、広告コミュニケーションは大きく違ってきます。私がプロモーションを担当した「ほけんの窓口」の例をご紹介しましょう。保険の契約手続きは多くの人にとって面倒なもの。利用者の心の壁を取り除くために、ほけんの窓口を「契約する場所」から「保険の勉強ができる場所」に変えたのです。

いわゆるポジショニングを変えてCMを制作・放映したところ、前年比130％の来店を促すことができました。偉いのは新しいコンセプトを考案してクリエイティブを作った私ではありません。ポジショニングの重要性を理解し、事業の方向を転換した経営者がすごいのです。

●── BtoCもBtoBも同じ。人間の欲求を正しく見つけて伝えること

田部　ポジショニングについて、鹿毛さんは「競合」をどう捉えていますか。

鹿毛　そもそも、「ビジネスの競合」と「コミュニケーションの競合」はまったく違います。シャンプーのビジネスの競合は他の消費財メーカーですが、テレビCMの競合となると大手自動車メー

カーや飲料メーカーになります。人々の頭の中へ大胆にお邪魔するのがテレビCMであり、印象に残るかどうかが競合との勝負を分けるのです。

一方、場所をドラッグストアに移すと競合はまた変わります。まず、テレビCMで競合だった自動車メーカーは、消費者の頭から一旦消えますよね。店内では化粧品や食品のメーカーが競合となります。消費者がシャンプーの棚の前に来て初めて、他の消費財メーカーが競合になるのです。

田部　面白いですね。消費者の脳の中で常に競合環境は変わっているから、競合は一業種に限らないと。大事なのは「脳内で自社の商品をどれだけ思い出してもらえるか」なんですね。

鹿毛　テレビCMでモノが売れるとか、単純な話ではないわけです。影響力は大きいですが、できることは限られています。ところでBtoBとBtoCでは、テレビCMの作り方は違うものですか？

田部　違う部分も多いのですが、本質的には一緒だと思います。BtoBの場合は対象が「問い合わせる人」か「決裁する人」かによって異なります。一方でBtoCの場合、結婚式場ならば新婦が決めてご両親が支払うこともありますし、子ども用品ならば、商品を使うのは子どもでお金を払うのは大人と、使用者と決裁者が異なりますよね。ただ、支払われるのが「会社のお金」か「個人のお金」か、という違いは大きいと思います。とはいえ、意思決定をするのは結局人間です。鹿毛さんのおっしゃる通り、人間理解をすることからすべてが始まる点はBtoBでもBtoCでも同じです。

ビジネスパーソンが抱える煩悩のひとつは「出世欲」なので、その点はBtoB企業ならではの訴求ポイントかもしれません。テレビCMで「このシステムを導入するとコストカットができて、会社が良くなります」とアピールしても、ビジネスパーソンの煩悩には刺さりにくい。そうではなく「導入を推進する担当者のあなたの実績につながります」と訴求したほうが刺さりやすいです。

B to CもB to Bも、突き詰めれば対象は人間。本質的には一緒ですね。対象となる人の欲求を正しく見つけて、その商品が「欲求を満たせる」とどう伝えるのか。そこに尽きると思います。

鹿毛 康司（かげ・こうじ）

2020年、エステー執行役クリエイティブディレクターを退任して独立。早稲田大学商学部卒、ドレクセル大学MBA。現在はエステー、森永乳業、保険の窓口、ベストコ（塾）などでマーケティングおよびクリエイティブの両面から支援をおこなっている。代表作は消臭力CMなど。グロービス経営大学院（MBA）教授、筑紫女学園大学客員教授。著書「心がわかるとモノが売れる」（日経BP社）「愛されるアイデアのつくり方」（WAVE出版）、CMプランナー／CM監督／作詞作曲家でもある。ACC Gold、フジサンケイ広告大賞、マーケターオブザイヤー（MCEI）、WEB人貢献賞など受賞。

※本対談は、MarkeZineで連載されたものを書籍用に再編集したものです。
https://markezine.jp/article/detail/40948

第4章

動画広告が指名検索数を大きく伸ばす

4-1 動画広告の重要性と伸び

動画広告市場は昨対比約133％の右肩上がり

動画広告の需要は急激に伸びています。2022年の動画広告市場は、昨対比133・2％で5601億円に達しました。中でもスマホ向け動画広告の需要は昨対比132・7％の4621億円となり、全体の83％を占めています。インターネットに接続されたテレビ端末「コネクテッドTV」向け動画広告の需要は、昨対比157・0％の540億円へ急増しました（2022年における国内動画広告の市場動向調査。サイバーエージェントとデジタルインファクトの共同）。

動画広告が伸びてきた背景の1つに、動画配信の環境が整ってきた点が挙げられます。最新型のテレビリモコンには、NetflixやAmazon Prime Video、YouTubeなど、さまざまな動画チャネルのボタンが初めから備わっています。一方、インターネットを経由してスマホやPCなどで視聴する動画コンテンツにも、動画広告が当たり前に流れるようになってきました。

通信環境などのインフラ整備と、スマホやタブレットなど端末の高性能化で、動画視聴は身近な体験になりました。こうして動画視聴の需要がますます高まってきているのに比例して、世の中に流通する情報量も格段に増えています。

●── 現代の消費者に合うクリエイティブを

広告を差別化するための情報量が爆発的に増えた結果、商品そのものに差がつかなくなったことと相まって、商品の細かい違いが分かりづらくなりました。これまではＷｅｂのバナーや雑誌などに掲載された広告の、ビジュアル１〜２点で区別できたような商品の差が、消費者の目線で見ると区別がつかず、分かりづらくなっているのです。そのため静止画だけでは違いを訴求できず、動画広告によって商品が使われるシーンを訴求する必要が出てきました。動画でなければ、商品の本当の強みが理解されにくい市場環境になってきたのです。

一方、テレビＣＭの場合は、これまで数千万円規模で制作予算を費やす必要がありました。動画を作るだけでもプロ仕様の特別な機材が必要だったためです。ところが現在は制作コストが大幅に下がり、YouTubeやTikTokに流す用ならば、スマホ１台で作れて配信も無料でできてしまいます。

動画制作のハードルがグッと下がり、視聴者にとっても制作者にとっても「動画化」が進んでいます。間違いなく、動画がメディア・コミュニケーションの主体になっています。

ただし、スマホで安価に動画を作ってただ流せばいいのかというと、そこまで単純な話ではありません。テレビCMでいえば、制作に1000～5000万円ほど費用がかかっていました。年々下がる傾向にありますが、それでも平均的にクオリティの高い広告映像が流れているテレビCMの中では、制作費を抑えすぎてしまうと商品自体も安くチープなものだと思われてしまう危険があります。チープ感に狙いを持たせれば逆に目立てる可能性はありますが、そういった目立ち方はあまりおすすめできません。メリット・デメリットは把握しておきましょう。

一方、YouTubeやTikTokで配信する「社員で踊ってみた」動画のような自作動画を制作するのであれば、プロレベルの制作物はまだ少なく、手作り感のある動画が多くあります。費用をかけて作れば目立てる可能性もありますが、費用に見合う反響が得られない可能性もあるでしょう。

いずれにしても、視聴者はあなたの作る動画だけを見ているわけではない点に留意する必要があります。クリエイティブは常に周囲との比較で相対化して見られます。視聴者は、あらゆる動画のコンテンツや広告が流れている中で、無意識のうちに他との違いを認識しながら見ています。いろいろな動画が流れる中に、自社の動画が差し込まれる状況を想像するべきです。動画が効果的に受け入れられるかどうかは、相対的な判断を要します。

●─ 視聴者の視聴環境を想像する

テレビを見ながらスマホをながら見するような視聴態度も、メディアの違いによる視聴者層も、時間帯によって一緒に観られる動画の種類も、すべて違います。そのため、作った1つの動画広告を全メディアに同じまま流すことは得策ではなく、実際に効果も出ません。本来は、テレビCM用、YouTube用、TikTok用の動画と、それぞれ作り分けを考えるべきなのです。

電車内のモニターや駅に設置されたデジタルサイネージ（電子看板）に流れている動画広告も、テレビCM用に作られた動画広告がそのままか、あるいは字幕をつけられただけで流れているケースが多く見受けられます。テレビCMに字幕をつけただけの動画広告をYouTubeに流しているケースも同様です。駅で露出する広告なら、本来であれば、その駅を利用して通行する人に向けた制作物にするべきです。駅名の入ったポスターの広告があるのと同様に、動画広告もより細かくターゲティングされていなければなりません。視聴態度やターゲットの違いを意識した上でクリエイティブを作り分けるほうが好ましいでしょう。

そのため、「白か黒」だけでクリエイティブを判断してしまうと、きっと上手くいきません。高い制作費をかけるのか安く作るのか、テレビかWebか、紙かデジタルか、と二元論で捉えるのは危険で、現在は白か黒かではなく、白と黒の間、グラデーション状のグレーゾーンの中にこそ刺さるポイントがあります。

●— 必然性のあるタレント起用

タレントの起用にも戦略的な必然性が必要です。タレントは基本的に有名人ですから、認知度やイメージ、好感度を伝える役割を持ってくれていて、その力を広告制作に利用しています。事業内容どころかまだ社名すら知られていない企業が、「あのタレントさんがCMに出ている企業」と覚えられることからも、タレントは認知スピードを速めるためのアイコンとなります。知らない人が出てきて「このコーヒーは美味しい」と言うより、タレントの表情と言葉のほうが、差別化された商品の便益や企業の強みを認識してもらえるスピードを速められるでしょう。

ただし、タレントを使うことで効果が爆発的に増すケースだけではなく、タレントを使わないことで効果が上がるケースもあるので、先にタレントありきで企画を進めないほうがいいでしょう。これも基本に立ち返り、ターゲットを設定し、商品の魅力を考え、経営戦略上、タレントを使って認知のスピードを速めたいのかどうかを検討しましょう。対象顧客にまったく知られていない商品なので、有名な人に実演しておすすめしてもらうほうが高い効果を期待できそうならば、使う判断になります。

また、タレント活用でも相対的な判断が必要になる場合があります。例えば、競合他社がみんなタレントを使っているのに、自社の広告だけ使わないプロモーションを展開してしまうと、どうしても印象が「相対的に」弱くなってしまいます（逆に使わないことで、目立つことを狙うケースもあるため一概にはいえませんが）。いずれにしても、どういう狙いでいくのか、すべての戦略に「必然性」を持たせましょう。ラクスルのプロモーションではタレント起用がある場合・ない場合の効果をすべて検索で測っています。タレントが出ているほうが効果が高く出る場合もあれば、使わなくても効果的な場合もあり、試してみないと分からない部分はあります。

検索されることに主眼を置く本書では「動画広告やテレビCMを打つ目的は、商品の強みや差別化ポイントを認識されて検索されることを第一優先」に考えます。ところが、タレントを起用すると、商品名ではなくタレント名が検索されてしまうケースがたまに起きます。つまり商品名が目にも耳にも残らず、商品よりもタレントが主役になってしまっていて、ファンだけが検索をし、タレントのプロモーションビデオのようになってしまっているのです。この結果は、商品が主役になっていないことの証明になっています。絶対にやってはいけないケースです。

戦略立案とクリエイティブ制作、メディア選定の必然性から、伝えたいメッセージを伝えるのにもっともふさわしいと意図されたタレント起用ならば問題はありません。しかし、タレント起用ありきで先に選び、そのタレントに合わせたクリエイティブをあとから作るというように、制作手順が逆行するのは本末転倒な事例です。

●―　Webサイトより圧倒的に多い動画の情報量

人間が脳で情報を処理する際に、文字情報だけを順番に見ていくよりも動画のほうが一瞬で理解できる情報量が多いことは、誰でも直感的に理解できるでしょう。動画には人の表情や音楽、声の大小、文字情報も載せられますから、15秒という短い時間でサービス内容を伝えるのにこれほど適した情報伝達の手段は今のところありません。アメリカの調査会社Forrester Research（フォレスター・リサーチ）のJames L. McQuivey博士は2014年、「1分間の動画は180万語と同程度の情報量を伝えられる」と発表しました。圧倒的な情報量を含んでいることが分かります。

もちろん動画以外に、チラシなどの紙媒体もまだ機能していますが、ターゲットをさらに細分化して届ける伝達手段はまだ整っていません。それが、例えば駅の看板がデジタルサイネージ化したように、より便利な仕組みが現れれば移り変わっていきます。

いずれにしても今後は動画で伝えることがスタンダードになり、動画は情報のインフラ化を遂げていきます。なぜなら動画で伝えるほうがコミュニケーション速度は速く、ストーリーを伝えることができるからです。

スマホを使うことが当たり前になったのと同様に、動画で伝えることがスタンダードになります。そうなると広告を活用して伝える側も、まずは動画を検討するのがラクな時代になりつつあります。

4-2

「一言で自社サービスを紹介する」考え方で整理する

● 幕の内弁当ではなくシウマイ弁当を目指す

「15秒の動画の中で伝えられることは、1つだけ」。動画広告を始める前に、これだけは念頭に置いて進めてください。15秒の中にあれもこれも、3つ4つと放り込むと、何が強みの何のサービスなのかが分からない広告が出来上がります。しかし往々にしてこれはやりがちです。

エレベーターに乗っている程度の短い時間で自身のビジネスをプレゼンする「エレベーターピッチ」という言葉がありますが、15秒や30秒という短時間で視聴者にプレゼンするように、動画の内容を一言にまとめていきます。主に15秒と30秒の枠がありますが、初めての挑戦であれば比較的予算を抑えられる15秒枠を試すことになるでしょう。まずは頭の中で、15秒間を時計で計りながら、あなたの自己紹介をしてみてください。1、2、3……15。いかがでしょうか。

一番伝えたい1つのことしか伝える余裕がないことが分かるのではないでしょうか。「ラクスルで成功したマーケティングノウハウを詰め込んだ、『成長と効率化を同時に実現する』テレビCM

サービスがノバセル。デジタルマーケティングのようにテレビを効果的に『運用』することが可能です」。これだけで15秒がほぼ終わってしまいます。早口でしゃべって情報を詰め込むことはできますが、情報量を増やすと伝わりづらくなります。動画の15秒には、絞り込んだ強みを1つだけ伝えます。30秒枠であれば、盛り込めるメッセージはせいぜい2つです。

動画は映像と音声と文字情報を使って、ストーリーに乗せることでメッセージに説得力を持たせて伝えられます。ここで大事なのは、情報量を増やさないように注意することです。情報量とは、伝えたいことの数です。情報量を増やしてしまうと検索されなくなってしまいます。

中には「いろいろと何でもできることが得意な会社です」と訴求する場合もありますが、このように情報を盛り込みすぎた「幕の内弁当タイプ」のメッセージでは何を伝えたいのか理解されづらく、記憶に残りにくいのではないでしょうか。美味しい幕の内弁当はたくさんありますが、それがどこのメーカーの商品だったのかを思い出せないのと同じです。

ところが、シューマイのお弁当といえば？　と質問されれば「崎陽軒のシウマイ弁当」を真っ先に思い浮かべるのではないでしょうか。「美味しいシューマイで構成されたお弁当」というユニークな特徴が一点だけあるほうが、記憶に残ります。ラクスルの場合も「チラシもカタログも名刺も印刷できます」という幕の内弁当型と、「チラシ印刷ができます」というシューマイ弁当型では、特徴を絞り込んだ後者のクリエイティブのほうが明らかに高い効果が出ました。

「誰に」「何を」伝えたいのか、どう覚えてもらいたいかをコンセプトとして一言に整理します。どのように対象顧客とコミュニケーションすれば、自社商品の魅力を最大限伝えられるのか。あなたの会社の商品やサービスを一言で紹介する、「一言でいうと何ですか力」はかなり重要です。

フリマアプリとはいわずに「売ったり買ったりするならメルカリ」。世界中の膨大な情報が読める、ではなく「クーポン付きのニュースアプリはスマートニュース」と、機能によるポジションの差別化を伝えることもコンセプトです。新卒採用のエントリーシートのように、たくさん見られる中でパッと目立てる、ほかにない特徴があると思われるようにする一言を導き出します。

伝えるポイントは一点のみ。この「一点豪華主義」を徹底することで、記憶の定着化を図り、検索行動を起こしやすくするのです。

●―「どう覚えてもらいたいか」を軸に絞り込む

ではどうやって一点に絞り込むのか。繰り返しお伝えしてきたように、マーケティング戦略の優先順位に従います。ロイヤルカスタマーを調査した結果から、一番伝えたい対象顧客や訴求したい便益を絞り込みます。「〇〇のことなら△△企業の商品・サービス」と思い浮かべてもらうことを目標にします。この狙いを基にクリエイティブを作っていき、検索行動を生み出します。多くのマーケターが指摘しているように、想起される選択肢の上位3つ以内に入らないと、購買はされません。

では、対象顧客の頭の中の上位3つに入るような自己紹介の仕方とはどういったものでしょうか。リクルートの広告は上手なクリエイティブが多いと思います。「バイト探し／仕事探しはIndeed」「家を探すならSUUMO」「プロポーズされたら、ゼクシィ」。ほとんどが、動詞とサービス名を掛け合わせてプロモーションを打っています。

ただし「バイト探し」「家を探す」「プロポーズされたら」などはトップ中のトップカテゴリーワードで、資金力があるリクルートはこうした「想起の一番強い動詞」を狙いにいける前提があります。そこまで資金力がなく、かつ後発として追う立場なら、「看護師の転職なら」「目黒で家を探すなら」のように細分化して攻めるのが基本戦略です。

ラクスルも100億円の資金を投じれば「ネット印刷ならラクスル」を最初から狙えたのですが、そんなお金はないので「チラシ印刷」のカテゴリーをまずは取りにいく方法を採りました。いわゆる局地戦で一点突破するランチェスター戦略と呼ばれるものです。

ランチを食べるときに、ラーメン屋・カレー屋・定食屋など3つくらいが思い浮かぶ場合は多いでしょう。この選択肢の中に入らないと検討の土俵にも上がれません。たとえですが、「個人的に食べたいランチランキングの3位」をまず取れれば強い。後発で難しいのであれば「目黒のハンバーガー店1位なら取れそうだ。ではそこを狙いに行こう」と考え、範囲を絞り込みましょう。

4-3 一言でクリエイティブジャンプさせるポジショニングの取り方

●— ジャンプさせることの効果

「どう覚えてもらいたいか」のコンセプトを決めて一言で整理したあとは、動画広告のクリエイティブ（制作物）を考えていきます。これまでもお伝えした通り、クリエイティブはストレートに表現しても伝わりません。「私は家事に積極的な人間です」と自己紹介をしてもきっとすぐには信じてもらえないので、クリエイティブでは、「自宅で一生懸命家事に勤しんでいる姿を第三者が見ているストーリー」で伝えたほうが、より説得力が増すでしょう。

こうして、ストレートでは伝わらない一言の表現を、動画で伝える際に飛躍させるのが「クリエイティブジャンプ」です。また、競合のCMと比較した上で、どこにポジショニングすることがもっとも印象に残せるか、相対的な位置取りもクリエイティブジャンプです。

例えば経済メディア「NewsPicks」の広告展開をノバセルで支援した際に、クリエイティブジャンプが上手くいった事例があります。

もともとのコンセプトは「NewsPicksは良質なオリジナルの動画コンテンツを持っている経済メディアです」でした。しかしそれをストレートに伝えてもあまり反響がありませんでした。そこで支援に入り、「事実、日本だけが30年間、給料が上がっていません」と伝えるクリエイティブに変更。結果は上手くいきました。「日本の給料は30年間上がっていない」ことを伝えるニュースはNewsPicksにしかないコンテンツではないんですが、ニュース性があり、ハッとさせられますよね。伝えたいコンセプトは「NewsPicksは良質なオリジナルの動画コンテンツを持っている経済メディアです」から変えていません。しかしそのままではただ自己紹介しているだけです。そこで「隠れた真実を伝えられる企業」と訴求したことで、伝えたいことがより刺さり、効果が高まりました。これがクリエイティブジャンプです。

先述の「ほけんの窓口」も、「いくつもある保険の中から最適な商品が見つかる」をコンセプトにしながら、「そもそも保険が分からない人は、一度選ぶ前に勉強しに来てみませんか」と伝えるクリエイティブジャンプによって成功した事例です。

●── クリエイティブジャンプしていない例

社名を連呼する動画広告やテレビCMはクリエイティブジャンプしているとはいい難いですし、そもそも社名だけを覚えてもらってもあまり意味がないでしょう。ただしBtoB企業の場合は企業名を覚えていてもらえると営業活動を有利に進められることがあります。最後の決裁が通りやすくなることや、商談のアポが取れる確率が上がるなどです。また、テレビCMを流している企業なら安心できるという心理を利用した効果もあります。

このように、営業力には自信があるのだけれど知名度のなさで機会損失しているような場合は、それを補うために知名度を向上させる戦略はアリだと思います。ただ、そういった狙いなしに認知向上だけを目的にしても、意味はありません。

また、クリエイティブジャンプしていない自己紹介型の広告が成立するケースもあります。例えばサイクロン式掃除機を初めて開発・製造したといわれる電気機器メーカー「ダイソン」の「吸引力の変わらない、ただ1つの掃除機」。商品力が圧倒的に強く、商品を知ってもらうだけで済み、余計なことをいう必要がないため、味付けをしないストレートなアプローチが正解です。クリエイターの仕事は不要ですし、タレントが出てくる必要もありません。

究極的にはこのような商品を作れればマーケティングは「勝ち」ですが、モノがあふれる現代において、唯一無二の商品を狙って作るのは至難の業です。そのためほとんどの場合はクリエイティブジャンプが必須になるのです。しかしいざ制作の段階に入り、クリエイティブジャンプの能力に特化したクリエイターに向き合うと、まるで先生のように感じてしまうこともあるかもしれません。もちろん、クリエイターはとても重要で、ストレートではない伝え方のアイデアも豊富に持っているのですが、あくまでクリエイターの作品にならないように自分たちで手綱を握り続けましょう。

広告にお金を出しているのはあなたの会社ですから、自分たちのお金で作品作りをさせてはなりません。しかしクリエイターの作品と化しているテレビCMが世の中にあふれていることからも分かる通り、これは頻出する課題です。

ですが、それをクリエイターのせいにするのではなく、あくまで依頼をかけるこちら側のハンドリングの問題だと認識しましょう。オリエンテーション（戦略の説明）を行ってもクリエイターから出てくる提案がズレていることはあります。冷静に考えたら商品の魅力は伝わっていないと分かるのに、面白そう、会議の場が盛り上がった、などの空気に流されて判断基準がブレてしまうと、どんどん本来のコンセプトからズレていくことになります。自分たちの商品・サービスがちゃんと主役になっているのか、それをジャッジする責任は常に広告主である企業側にあります。

●━「どこに頼めばいいのか分からない」問題

そもそもどの広告代理店に頼めばいいのか分からない場合もあるでしょう。重要なのは広告主の人たちさえ気づいていないような魅力をクリエイターが見つけてくれるかどうかなので、おすすめなのは自社の事業理解をどれだけ深くしてくれるかどうかで依頼先を選ぶことです。現在は以前にも増して、商品の魅力とクリエイティブを融合させないと差別化ができなくなってきているため、表現だけ上手いクリエイターでは成功しません。

実際、多くの広告主が広告代理店や制作会社を選ぶ際は「自社の事業を理解してくれるかどうか」という事業理解をもっとも重視しています。

もう1つ大事なことは、クリエイターと直接話ができるように交渉することです。営業担当が介在しているため、思ったほどクリエイターと直接は話せないものですが、その体制ではクリエイティブを作っていない人を通じての伝言ゲームになってしまい、あまり上手くいかないことがあるのでおすすめできません。直接話せれば、クリエイターがどれだけ自社サービスを理解しようとしてくれているのか、分かるはずです。

また、頼む相手が大手企業で一見すると実績がすごそうでも、自社の事業を深く理解してくれるとは限りません。一方、パッと見で実績があるわけではなくても、事業を深く調べ込んで理解してくれる場合もあります。「この人だったら、自分たちだけでは見つけられないような自社の魅力を発見してくれそうだ」と思える人を選ぶほうがいいです。

いずれにしてもどういうコンセプトにするのかは、あらかじめ自分たちでしっかりと戦略を立てておきましょう。もちろん、コンセプトの立案から広告代理店に支援で入ってもらうケースもあります。その場合も常に手綱は自分たちが握り続け、コンセプトが妥当か、コンセプトをもっとも伝えるクリエイティブになっているかを自分たちでジャッジし続けるのが成功の秘訣です。

●— オリエンテーションは丸投げせず手綱を握り続ける

マーケティング戦略を広告代理店に説明するオリエンテーションそのものもクリエイティブを左右します。オリエンの場でやりがちなのが「当社の製品は他社製品と違いがあまりないので、クリエイティブの力でなんとかインパクトがあるやつを作ってください！」というパターンです。これは狙いがなく人任せですと自ら宣言しているようなもの。この頼み方はプロジェクトの手綱を自ら握っておらず、丸投げしている状態です。

クリエイティブに満足できない場合でも、実際は依頼側のオリエンがすべてを狂わせてしまっています。クリエイターからしたら、自由演技を求められているようなものだからです。ラクスルのオリエンは、クリエイティブの演出のことはほぼ要求しないのですが、コンセプトの狙いや調査の結果、マーケティング戦略などをかなり細かく伝えます。

クリエイティブの企画内容がクリエイターから提案されて、私たちの意図する内容と違うものであれば修正していき、何度か打ち合わせを重ねてズレがないように進めていきます。いずれにしてもクリエイターに丸投げしてお任せにすることはありません。

4-4 感情が動くクリエイティブになるよう顧客理解を深める

●──「商品が欲しいと思う感情」を捉える

動画広告やテレビCMを観て感動したものの、その商品が欲しくならなければ、それは失敗です。「この商品・サービスが欲しいと感情が動き、購買意向が喚起され、検索行動が起きる」──この一連の流れを常に念頭に置きながら、「対象顧客のどの感情を動かすのか」まで考えて、クリエイティブを設計していきます。

動かしたい感情をさらに細かく分けると「知ってもらう」「欲しいと思ってもらう」「今すぐ欲しいと思ってもらう」の3種類に分類できます。ただし、商品のジャンルによって購買意向に結びつく感情が異なります。例えばファッション商品であれば、かっこいいと思う感情が購買意向と結びついたりします。また、BtoB企業であれば「この企業は信頼できる」といった信頼感や安心感の醸成が、購買意向に結びつきます。

かっこいい、かわいい、美味しそう、おしゃれ……さまざまな感情の中で、どの感情やイメージが購買意向に結びつくのかは、すべて紐解くことができます。「この感情を喚起させたら商品の購買意向が動く」といった関連性が導き出せたら、その感情を喚起させにいくクリエイティブを作れば購買意向が上がる、と分解していきます。

「購買意向を喚起させることがすべてのゴールである」と念頭に起きながら、顧客の感情を分析していきましょう。ここから少しでも外れて「購買意向に関係ないけどすごく感動する広告」を作ったところで、売上には影響を与えず、意味がありません。しかし、購買意向にはつながらないのに「かっこいい会社だと思われたい」といった要望はよくあります。

ブランディング広告への誤解があるとすれば「このイメージに寄せたい」「イメージを刷新したい」という願いが先行してしまうことです。よく聞いてみると、「そこへ進んだ先に顧客が付いてきてくれるのか？」の観点がすっぽりと抜け落ち、顧客のことがまったく考慮されていなかったりするのです。ブランディングとしても、事業戦略としても大失敗といわざるを得ません。漠然と「かっこいい感じのおしゃれな広告にしたい」が先行してしまうと、購買意向に結びつかない可能性が高いでしょう。「新しい方向に進めば間違いなく購買意向に結びつくし、顧客が求めているイメージはそちらにあります」と理解した上で進むのであれば戦略として正しいといえます。

ちなみに、認知はあるのに検索されていない場合は、サービス名だけが有名になってサービス内容そのものが理解されていない可能性が高いです。テレビＣＭは面白く、好感度ランキングに入っているけれど、何のサービスなのかは分からない。名前は知っているのに何かは知られていない状態です。

いずれにしても大手企業ならまだしも、中小企業であればブランディングと称して無意味にイメージを広めるのではなく商品を買ってもらうことに集中したほうがいいですし、それ以外のプロモーションは成立しないと心得たほうがいいでしょう。

●— インパクトだけでは意味がない

大手企業のテレビCMを真似してブランディング広告をやっても上手くいきません。例えば日清食品はカップヌードルなどの面白いCMを大量に流して、ブランドイメージを獲得しています。しかしこの場合、すでに日清食品の認知率はほぼ100%で知らない人がおらず、ほとんどの人が味を知っている状態です。このような「刷り込み」が働いている状態では、CMで「美味いカップヌードル」と伝えても意味がありません。むしろ近所のスーパーでカップヌードルがたまたま目に入れば、「最近CMが面白いな」で買ってもらえます。こうした衝動買いを作れるパワーを持っている商品ならば、「面白いCM」を作るブランディング的なアプローチは正解です。

しかし、認知すらまだない企業がそのアプローチを真似しても、「よく理解できないテレビCM」と思われて注目すら得られず、記憶に残らないまま終わってしまいます。インパクトのあるテ

第4章

レビCMだけが話題になって商品がまったく売れないケースは非常によくあります。

購買意向を動かせるスイッチはどれかを探るために、常に「誰に」「何を」伝えるかに立ち戻り、プロモーション用に作った動画が、狙っている感情のスイッチを動かし、その感情が間違いなく購買意向に結びつくようにしましょう。

●━「今すぐ」か「あとでもいい」のか

「チラシ印刷ならラクスル」の動画広告もそうなのですが、今すぐ欲しいとはならない類いの商品・サービスは、ひとまず頭の中に印象が残ってくれればいいです。

一方、例えばお天気のアプリの場合、お天気の情報は常にみなさんが気にしているわけですから、「今すぐダウンロードして」などと訴求し、今のあなたにとって重要です、とメッセージを伝える必要があります。BtoB商材はその場で欲しいとはならないケースが多く、あるシーンが訪れたら欲しいと思ってもらうことを狙います。逆にアプリは、その場で欲しいと思ってもらわないとダウンロードに結びつきにくい。その意味では「その場型」です。

知られることと今すぐ欲しいと思ってもらうことの間にはグラデーション状の感情があるので、顧客理解を深めた上でどの感情に刺しにいくのかを判断しましょう。

こうして、購買に至る感情を理解した上で、刺さる動画広告を展開していきます。

4-5

伝えるべきことを決める

メッセージは1つか2つか。すべては戦略次第

対象顧客に伝えるべきコンセプトを決めてストーリーにしたら、いよいよクリエイティブ制作とメディア選定に入っていきます。一番伝えないといけないことさえ決まっていれば、あとはそれをもっとも伝えやすい枠やメディアであれば、どれを選んでも大丈夫です。

マーケティング戦略とコンセプトがあって初めて、「このコンセプトは、30秒ほどの枠で時間をかけないと伝わらない」と判断ができ、さらに、クリエイティブ制作とメディア選定が行えます。この順番を逆行させて枠の長さとメディアありきで企画が進むと、検索もされず、自社の独自性が伝わることもありません。

そして、15秒動画と30秒動画はまったく別の枠と考えましょう。15秒動画はメッセージ1つ、30秒動画はメッセージ2つ程度が目安です。「15秒で短くまとめて、残りの15秒で肉付けする」「先に30秒動画を作って、あとから15秒に短く要約する」などと考えるのは違います。15秒動画の延長が

第4章

30秒動画ではありません。

最初は、メッセージ1つを伝える15秒の枠で考えることになるでしょう。割合としても、最初は15秒動画にトライする企業が多いです。もっと短いメディアなら、TikTokのショート動画や、YouTubeの6秒短尺動画広告やショート動画があります。他のメディアでも全体的にショート動画化しているなど、求められる情報の伝達速度はどんどん短くなっています。今後もそれに合わせてクリエイティブが短尺化していくと予想されます。

●―ラクスルが導き出した「伝えたいこと」

ここで一度「伝えたいこと」について、ラクスルを例にまとめて考えてみます。ラクスルの成長過程にはいくつかの大きな山と谷がありました。計画通りにいかず、売上が伸びないこともありました。なぜダメだったのかというと、「サービスに選ばれる理由がなかった」からです。そのため、まずは選ばれる理由を作りにいきました。

指名検索の第一歩目は、サービスを分かりやすくすることです。2012年に「ワンコイン名刺といえばラクスル」というサービスを作り、売上も検索も伸びたのですが、そこから2年ほど伸びが止まりました。要するに頭打ちになったのです。次の市場が見えていない中で改めて顧客調査をして、曖昧だった「誰に」を明確にするためロイヤルカスタマーのインサイトを絞り込んでいきました。使ってくれていない人はＷｅｂでの印刷注文を「高い」「難しい」と思っていて、私たちは当たり前だと考えていた「安い」「簡単」を改めて広告で訴求しました。また、売上をほとんど作っていなかった個人事業主に対し、法人顧客のほうが多くの売上を作っていることが分かりました。

ずっと使ってくれているロイヤルカスタマーの話を聞いてみると、自分たちが認識していなかった使い方を発見できます。当たり前だと私たちが認識していた「24時間注文できること」をユースケースとして発見できたのも、顧客調査から導き出された事例です。ここをプロモーションで強調し、「誰に何を選ばれるようにするのか」を明確にすることで、マーケティング活動が再現性を持つようになり、指名検索されるようになりました。

こうした積み重ねで新規顧客からの売上が伸び、16倍もの差があったトップ企業の検索数を抜きました。指名検索されたあとは購買率も高いために売上も順当に伸び、1件当たりの顧客獲得単価は下がっていきました。

こうして商売の戦略そのものを考えていくのがマーケティングです。認知や集客、プロモーションはマーケティングのパーツの1つにすぎません。「作ったものを売る」よりも、「売れるものを作りましょう」。いいものを作れば売れるわけではありません。いいものを作り、売れるようにしてお客様に選ばれる必然を作っていくのが指名検索マーケティングの基本戦略です。

第4章

図4-1 競合との差別化（POD）が重要

POINT OF DIFFERENCE（POD）
選ばれる理由、他社との違い、便益

POINT OF PARITY（POP）
選ばれない理由にならない必要最低条件

POINT OF FAILURE（POF）
選ばれない理由、明らかにダメな要素

マーケティングの4Pの手前には、まず顧客理解があるべきです。次の3つの問いに答えられるかどうかで、顧客理解ができているかが分かります。

●あなたの会社の商品・サービスが顧客に選ばれる理由を理解していますか？

●狙える市場規模、つまりターゲットを理解していますか？

●顧客起点で正しく競合を設定していますか？

売れ続ける状態とは、プロダクト・価格・ブランドのバランスが取れていて、その上でPOD（Point of difference）と呼ばれる競合サービスとの差別化が行えていることを指します（図4－1）。何の商品・サービスとして想起されたいのか、どんな強みがあるのか、認知と強みに対してバランスの取れた価格になっているのか。差別化ポイントをどうやって図るのか。他社にない違いを持っていることが一番です。しかし違いがない場合は、95ページで紹介したように、違うポジショニングや違うユースケースで差別化を図ります。

●── 目指すべきはオリジナルのポジション

もう1つの大事な観点は、「好感度は売上に直結しない」という事実です。出川哲朗さんというバラエティタレントがいます。10年ほど前までは「嫌いな男」として好感度ではワーストでしたが、それでもニーズは存在し続けました。近年はテレビCMの出演本数ランキングで1位になるなど、再評価されています。

ここで伝えたいのは「好感度を上げるのではなく、オリジナルのポジションを取って差別化を図りましょう」ということです。検索されることは、好かれたり好感度を上げたりすることではありません。その人にしか取れないポジションや価値を提供し、伝え続けることで初めて検索されます。出川哲朗さんを目指しましょう。

「〇〇のカテゴリーといえば△△の商品・サービス」と想起してもらえる可能性が高い状態を目指します。タレントを起用したテレビCMで好感度のアップを狙っても、ブランド力が上がるわけではありません。目指すべきは、比較されて選ばれるのではなく、「その商品にしかない価値がある

第4章

から指名して検索される状態」です。

●―― 競合他社を決めるのは自分たちではなく顧客

顧客・自社・競合で3C分析をする際に、自社都合で分析してしまうダメな例があります。自社都合で分析した結果、競合設定や戦う場所そのものが間違ってしまうと顧客理解が的はずれなものになり、まったく検索されません。

かつてテレビ機能戦争というものがありました。顧客には違いの分からない商品を、各メーカーがボタン1つ2つの差別化で競っている時代です。このときの本当の競合は新しく出てきたスマホや「テレビを見なくなること」そのものだったのに、その視点がまったく欠け、自社都合だけで分析して、従来からの競合他社を設定した商品開発を行っていました。

競合は自社が決めることではなく、顧客の頭の中にあるものです。顧客が競合を決めています。もっと顧客理解を深めるために、『『イタコ』になりましょう」とよく言われます。同じように対象顧客を自分に憑依させて顧客理解を深めます。しかし自分が中年男性だったら、10代の女性の気持ちになって商品を理解するのは難しいし、そもそも多くいる10代女性の中で誰の声を聞いたらいいのか分からないと思うかもしれません。

そこで、顧客の偏りを思い出し、80％の売上を作っている20％の顧客の意見を聞きましょう。指

図4-2 3C分析の本質

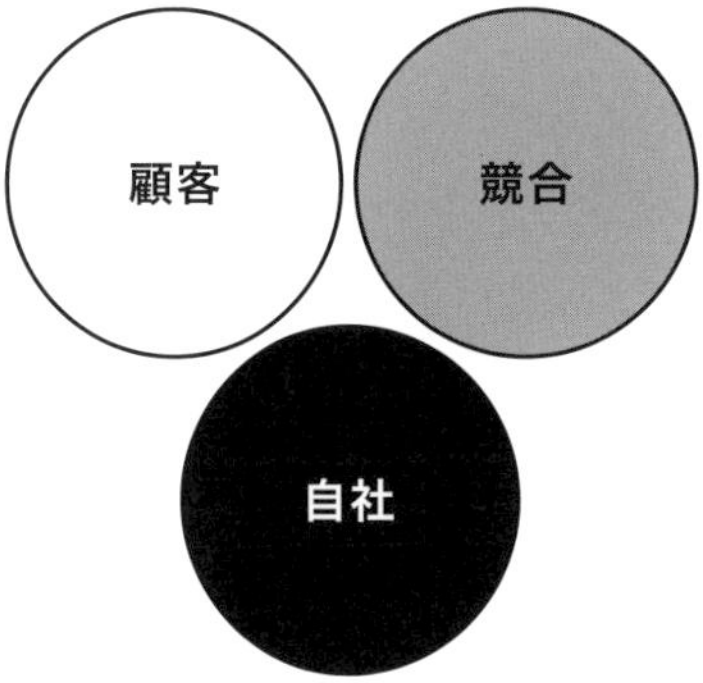

〈顧客分析〉
お客様のインサイトを導き出す
世の中のトレンドを理解する

〈競合分析〉
競合が一番やられたら嫌だと思うことを見つける

〈自社分析〉
自社の伸びしろは何かを見つける
自社ができて競合ができないことを見つける

名検索の行動喚起を狙う場合も、ロイヤルカスタマーと呼ばれる最重要顧客の人たちの意見を聞き、分析して、その人たちに届ける意識が重要です。もっとも大切な人を理解しないと、そもそもクリエイティブが間違ってしまいますから。

突然、知らない人に花束を渡したら迷惑で嫌なサプライズとして受け取られる可能性が高いでしょうが、仲のいいパートナーから、欲しかった花束が欲しいタイミングでサプライズとしてもらえたらとても嬉しいですよね。

ターゲットではない人に伝えても、ただの雑音であり迷惑行為です。あなたの会社の商品を求めている人を見極め、その人が喜ぶ、その人だけに向けたクリエイティブを届けましょう。

このように3C分析は自社都合ではなく顧客視点で、「自社の強み」「顧客の求めるニーズ」「競合がされたら嫌なこと」の3つのバランスを取って、競合設定や戦う場所を決める必要があります（図4-2）。これを見極めた上で、「なぜ」「誰に」「インサイト」「何を」「バリュー」「コンセプト」のフレームワークを活用していきましょう。

あなたの会社はなぜ存在しているのか。最近はパーパス（企業の目指す方向性）が差別化になります。あなたの会社はどの未来を向いていて、誰の何を解決したいのか。製品の良さを考えるだけではなく、なぜ会社が存在し、なぜ選ばれ、なぜその動画広告を展開しようとしているのか。これらを含めた「なぜ」がすべてのマーケティング活動の根幹であり、指名検索のフレームワークのすべての要素はこの「なぜ」に紐付いている必要があります。ちなみにラクスルの「なぜ」は「印刷の仕組みを変える」です。

次に、もっとも大切にしたい重要な対象顧客にフォーカスし、建前ではなく本音の裏にあるインサイトを導き出します。さらに、「何を」の意味を感じてもらうため「バリュー」に置き換えます。

ちなみにラクスルの場合、「誰に」は「集客印刷を必要とする中小企業」、「インサイト」は「無駄な時間やコストをかけたくない」、「何を」は「チラシ印刷が安い・24時間営業」、バリューは「本来の業務に集中できる」です。自社の推したいポイントは、顧客にとってどんな価値があるか考えてみてください。ここまで来てやっと、他社にない独自性を一言でいうコンセプトを考えられます。ちなみに、ラクスルのコンセプトは「自分でやるをラクに刷る」です（図4-3）。

図4-3 ラクスルのフレームワーク

なぜ（Why）	印刷の仕組みを変える
誰に（Who）	集客印刷を必要とする中小企業
インサイト	無駄な時間やコストをかけたくない
何を（What）	チラシが安い・24時間営業
バリュー	本来の業務に集中できる
コンセプト	自分でやるをラクに刷る

最後に、このフレームに沿ってストーリーにします。どんなお客様に、どういうシーンで、登場人物は誰で、どういうときに使ってもらうサービスなのか。シーンとストーリーを一度書き出してみましょう。これがユースケースの1つになります。伝えたいことを自分たちでイメージできることが重要なので、ひとまず内容は面白くなくても構いません。

ここまで決まってしまえば、あとはクリエイティブ制作です。いかに面白くクリエイティブジャンプさせて、買いたいと思ってもらえる感情を喚起できるか。プロジェクトの手綱を自ら握りながらメッセージとクリエイティブを仕上げていきます。

4-6

目的に合わせたメディアの使い分け

ファネルの現在位置をまずは把握する

伝えたいことが固まったら、ファネルの狙いたい段階と狙いたい年齢層によって、テレビ、YouTube、コネクテッドTVなど、メディアを選んでいきます。メディアそれぞれでカバーする年齢層と効果的なコミュニケーション方法が異なります。メディア選定においてもこれまでと同様にマーケティング戦略に立ち返り、事業課題に合わせていく必要があります。

第2章で、ファネルは主に「入口のアッパーファネル：認知」「中段のミドルファネル：購買意向」「出口のローワーファネル：ニーズの顕在化・購買直前」から構成されているとお伝えしましたが、この中のどこを狙いたいかで、メディアがある程度決まります（88ページ）。

ファネルの入口は潜在層に向けた認知獲得を目的とし、より大勢にリーチできるテレビCMやYouTubeなどの「プッシュ型」施策を用います。中段の興味・関心層はすでに顕在ニーズを持っている顧客で自ら情報を取りにきてくれるので、SNSやバナー広告、LINE広告など「プル（引き出す）型」の理解促進のためのコミュニケーションを行います。最後の出口は顕在層に向けて、リスティング（検索連動型）広告やリマーケティング（追従型）広告など「フォローアップ（追いかけ）型」「獲得型」のコミュニケーション手法を取ることが多い、というそれぞれの特徴があります。

認知はテレビCMを中心としたマス広告やSNS、バナー広告、LP（ランディングページ）、YouTube。購買の獲得はリスティング広告が主な広告媒体です。ただし、同じYouTubeでも認知型と獲得型があり、テレビは認知型とテレフォンショッピングの獲得型があるように、使い方によって変わります。初めは難しく考えず、ファネルの中で自社の取り組みがアッパー、ミドル、ローワーのどの位置に向けた施策なのか、自覚しましょう。その上で、認知を目的とするならば認知型のクリエイティブを、効果を出して計測結果を次の施策に反映させるなら運用型のクリエイティブを、獲得を目的とするならば獲得型のクリエイティブを制作します。

現在、メディアはかなり細分化しているので、アッパー、ミドル、ローワーのどこを狙うのかに加えて、ターゲットの年齢に合う最適なメディアを選ばなければなりません。

●── 指名検索でファネルの現在位置を知る方法

ファネルのどの位置を狙うのかを決めるために、認知、サービス理解、次の機会に買いたいと思うか、を示す次回の購買意向、検索数、購買数と、ファネルの中の各ポイントすべてを定量調査で計測しましょう。これらを計測し続けて、どこに課題があるのかをまずは明確にするのが大前提です。そこまで手が回らない場合でも、指名検索を指標にしていればもともと自社で持っている購買のデータと指名検索数は手に入り、ある程度の予測を立てられます。指名検索数が一定数あれば、ファネル中段の購買意向は一定数あると見立てられるので、ファネルの上と下のどちらに課題があるのかは分かります。

指名検索の行動がそもそもされていなければ、ファネルの上部（購買意向よりも上の認知）が足りていない可能性が高く、指名検索数は一定数あるのに購買されていなければ、「最後の購買促進が弱い」という予測が立てられます。検索されているけどまったく購買されない場合は出口のフェーズに注力を、そもそも認知が足りないなら入口のフェーズに注力します。競合他社の検索数とも比較ができるので、競合に対してどこが問題なのかが分かる指標として効率よく課題を発見できます。

検索指標がなかった時代は、一般的には認知・サービス理解・次回の購買意向・購買数（コンバージョン率）だけでファネルを見ていました。特にサービス理解と次回の購買意向の指標の問題点は、認知と購買意向があると分かっていても、購買数との間にどれくらいの距離があるのか、客観的に測ることができなかった点がありました。検索数を指標化すれば、競合他社やどのカテゴリーと比較されているのか、客観的にすぐ分かるようになりますし、打ち手に対する反響もすぐに計測できます。検索されることを意識してクリエイティブを作っていくことが肝になります。

4-7 各チャネルの強みを生かし、ターゲットや目的に応じて使い分ける

●── 予算ありきでメディアを考えない

メディア選定の複雑化・高難度化を念頭に置き、コンセプトとクリエイティブ制作、メディア選定を設計しなければ立ち行かない時代になりました。また、同時に効果測定の手段も複雑化しているので、指名検索数を指標化するのは合理的な判断になり得ます。

まず、予算ありきで施策を進めていくことは、誤った手順です。予算やメディアを前提条件にし、「100万円からテレビCM」のようなサービスに飛びつくのは、おすすめできません。

もちろん、予算に限りがある場合も多いでしょう。100万円の予算で始める場合におすすめなのは、認知の促進ではなくローワーファネル、つまり購買・コンバージョン率の改善です。すでに購買意向の高まっている顧客が買ってくれる確率を上げる施策を行うことから始めるほうが費用対効果は高いのです。

ローワーファネルの施策が頭打ちになり、伸び代がなくなったら次は中段へ、中段も限界を超え

たら上段のアッパーファネルへと予算を拡張させながら進んでいきましょう。予算がない段階でやみくもに100万円かけてテレビCMを打つのが一番不毛で、やってはならないことです。

予算的に仕方がなく、例えば認知目的でテレビCM用に作ったクリエイティブを同じく認知目的でYouTubeに流用するのは良いと思います。ただし、アッパーとミドルの「認知」と「購買意向の向上」というように、本来はクリエイティブの役割を変えるべきところで同じクリエイティブを流用しても、効果が見込めません。

●━ 目的の差でテレビCMとYouTubeとSNSを使い分ける

同じ世代に向けたメディアの選び方は、目的の差で使い分けます。一概に「テレビはアッパーファネル」「YouTubeはミドルファネル」「SNSはローワーファネル」ではなくなっていて、目的によっていかようにもメディアを使いこなせる時代になっています。

例えば同じ30代に向けてプロモーション施策を打つ場合、テレビCM、YouTube、SNSは「認知」なのか「サービス理解」なのかによって目的で使い分けます。認知を目的とするならばテレビCMとYouTube配信を検討し、サービス理解を目的とするならば、サービス導入企業のインタビューやサービスの細かい説明動画を自作してYouTubeで配信するなどを検討します。

●── テレビとスマホの視聴態度の違い

固定された大きいテレビモニターと、持ち運びできるスマホでは、視聴態度や視聴される動画の傾向に違いがあります。また、テレビは横長の画面で、スマホは縦長の画面で観られることが前提なので、画角の違いもクリエイティブ制作時に加味する必要があります。

地上波の場合は番組放送の間にテレビCMが流れても、テレビCM自体が習慣化していることもあってそこまで鬱陶しく感じないのではないでしょうか。また、スマホを片手に視聴するダブルスクリーンが前提なので、テレビCMは注意力が散漫な環境下で注目させる意識が必要です。

一方スマホはYouTubeやTVerなど、自ら見たいものを選んでオンデマンド視聴をする場合が多いでしょう。目の前で見ている中、内容のつながりに関係なく唐突に広告動画が差し込まれます。しかも手元で操作ができるので早くスキップさせたくなるものです。そのため、スマホ向けに飛ばされずに見続けたくなる広告動画を作る意識が必要です。

このように、テレビの視聴は注目を引きつけるクリエイティブが重要で、スマホの視聴はスキップせずに見続けたいと思わせるクリエイティブが必要です。こうした複雑な組み合わせのメディアを運用しながら、ちゃんと見られているかどうかを測定するのは難易度が高いかもしれません。しかも、動画広告は飛ばされている可能性も否定できませんし、テレビCMを見る人数は日本の人口

第4章

減少とともに減り続けていることも確かです。

しかし一方、テレビCMに関してはさまざまな検索データを追っていて、明らかにテレビCMが放映された時間と検索数との間に相関関係が観測できます。その中で、伸びやすいクリエイティブと伸びないクリエイティブに明確に分かれています。

例えばテレビドラマはリアルタイムではなく録画をして見る人が多い傾向にあります。そうであれば検索は動かないのかというとそんなことはなく、ちゃんと検索されているのです。首都圏の総人口は約4400万人（2020年9月現在）ですから、仮に視聴率が8％のドラマだったら約350万人が観ているので、相当に多いことが分かります。検索結果を見れば、テレビCMはまだまだ検索されていることが分かります。

●— テレビCMが指名検索に効くことを知ったきっかけ

ラクスルは法人相手のビジネスで、平均年齢40歳くらいがターゲットのサービスを扱っているネット印刷の企業です。最初は誰にも知られていないし、信用もないところからスタートしました。当時は、BtoB企業のサービスにテレビCMは不向きだといわれていた頃です。

プライベートタイムに飲み物のCMを見て「飲みたい」という衝動に駆られても、BtoB向けのチラシ印刷のCMを見て「チラシを印刷したい」と仕事の衝動には駆られないでしょう。このことからも、BtoBサービスがテレビCMに不向きだといわれていた理由が納得できるのではないでしょうか。実際、BtoBでテレビCMを打っていた企業は当時わずかでした。

私たちはインターネットサービスの会社ということもあり、プロモーション活動はWebマーケティングから始めて、顕在ニーズをすでに持っている人たちが当社の商品を欲しいときに接触する、ローワーファネルを攻める戦略で進めていました。しかしやがて顕在層を獲得しきってしまい、これ以上Webマーケティングを打っても伸びない成長の限界に直面したのです。残された伸び代は、認知を拡大させること。認知を一気に広めて信用を得るために、さていったいどうやって潜在層を増やそうか……。

そのために、プロモーション施策をいろいろと組み合わせて試していきました。動画広告以外にも新聞や駅の看板、折り込みチラシのポスティング、DM（ダイレクトメール）などをさまざまな広告を組み合わせて検証しました。例えば宮城県では駅の広告を、名古屋市では駅の広告とテレビCMを、富山県ではテレビCMだけを、石川県ではDMとテレビCMを……といった具合です。テレビCMだけのエリア同士や、テレビCMを打った場合と打たない場合の比較、あるいはテレビCMを打っている場合とまったく同じ金額で交通広告を打った場合にどちらのほうがより効果が出るのかも検証しました。

第4章

●— 小さい範囲から試してみる

BtoBサービスにテレビCMは合わない。そもそも効果測定ができない。そんな懸念が当時はまだあり、どれほどの効果を示すのか確証がありませんでした。そこでまずは小さく試してみようと予算を抑えて富山県と石川県でテレビCMをやってみました。放映費500万円、制作費500万円で合計1000万円ほどです。

なぜ富山県と石川県だったのかというと、制作コストを抑えられたことと、A／Bテストのように放送するクリエイティブの差を効果検証したいという狙いがありました。この両県は近接していて県民性が似ているといわれています。どちらも人口が100万人ほど（2022年）でほぼ同じ。この両県で同じタイミングに違う内容を放送して大きな差が出れば、それはクリエイティブの差だといえる。そんな仮説で「価格の安さを訴求したテレビCM」と「顧客満足度の高さを訴求したテレビCM」の2つを作って放送したところ、明らかに結果に差が出ました。

テレビCMが放映された瞬間の指名検索数が伸びただけではなく、ラクスルのサービスサイトへの流入と売上が増え、Webマーケティングのコンバージョン数の伸びが確認されました。石川県と富山県の人口を合わせても日本の総人口に占める比率は約1・6％なので、売上全体への影響比率は少ないものの、該当エリアだけで計測すると対前月比で3～4倍伸びました。

ＢtoＢサービスでもテレビＣＭが放送された瞬間に検索行動が発生することや、恒常的にラクスルを選んでくれる比率が明らかに上がったので、次はエリアを拡大することにしました。富山県・石川県と関東圏の県民性は違うかもしれませんが、人間心理は普遍的で変わらないだろうとの仮説の下に、関東圏でも同じクリエイティブを放映しました。同じように、費用に見合った効果と検索行動の伸びを確認できました。中小企業の社長さんがチラシを刷りたいと考えたときに、ラクスルが頭の中にチラつく確率は上げられる。そのためにテレビＣＭは有効であると確信したんですね。

もちろん、テレビＣＭだけがいいという結論ではなく、すべてを試した結果、私たちの場合はデジタルマーケティングとも相性が良く、テレビＣＭがもっとも効果的であるという結論に達しました。本来、どの広告でも試してみないと効果が分からない部分は大きいため、企業や商品の強みに合った手法を探るべきです。その中で、指名検索はテレビＣＭと相性がいいのは事実です。

今でも、デジタルマーケティングが「とりあえずやってみて、上手くいかなければ今日止めよう」とお試しの価格帯でできるのに比べて、テレビＣＭは気軽には行えないと思われているかもしれません。実際、一度押さえてしまうと途中でやめることができません。しかしこれもやりようで、地方で１回試してみるのであれば１億円規模の予算が必要な世界ではありません。価格を抑えて試験的に一度、動画広告を検証してみるのはいかがでしょうか。

対談

北尾 昌大氏

株式会社北尾企画事務所 株式会社ants
代表取締役、Creative Director

クリエイター視点から見る、伝えるために大切なこと

●――「伝えたい便益」と「共感」が重なる表現を探る

田部 自社の便益や独自性、つまり「何を」が伝わるようにコンセプトを整理し、クリエイティブでジャンプさせる手法をお聞きしていきます。クリエイティブディレクターである北尾さんは、一言でいえるコンセプトを企業の担当者とどのように導き出していますか？

北尾 そもそも「一言でコンセプトをまとめる」のは、簡単ではありません。一言にするのは私た

ちクリエイターの仕事なので、長文でも構わないので企業の担当者の方は自社の便益を正確にいえるようにすることが先決です。伝えるべき「何を」がない段階では、まだ動画広告の制作に着手しないほうがいいのかもしれません。つい、あれもこれもと伝えたくて長くなってしまうことはあるでしょう。でも、まずはそれで良いと思います。むしろ、変にまとめようとせず、熱量を持ったままでいてほしい。「何を」が定まれば、どう取捨選択するべきか、どんな言い方をすれば人が驚きを覚えるのか、私たちはノウハウを持っていますのでいろいろな提案ができます。しかし「何を」がないままでは、0から正解を生み出すようなものです。そんな魔法は使えないんですよね。「このタレントを起用したい」とか「画面のイメージカラーを赤くしたい」などは表現手段の話なのに、先に手段を決めがちです。それよりもとにかく「誰に」「何を」伝えたいのかをクリエイターに伝えることに注力していただきたいですね。

田部　「誰に」「何を」伝えたいのか戦略を固めた上で、クリエイティブに入るべきなのは私も完全に同意です。その上で動画広告、とりわけテレビCMは15秒や30秒枠の時間的な制約があります。クリエイティブに落とし込む上で北尾さんが気をつけているポイントはありますか？

北尾　クリエイティブの段階で気をつけるべきは、メッセージは極力シンプルに、1つに絞ることです。企業側のいいたいことを一から十まですべてをいっても上手く枠内に収まりません。もし15秒間で自己紹介をするとしたら、自身のチャームポイントはせいぜい1つしかいえないはずです。

ちなみに30秒のCMなら2つのメッセージを入れることもできますが、2つを対等に並べるというより、メインとサブの2つでクリエイティブを設計します。

田部　「私はハンサムでお金を持っててモテます」と自分で言っても伝わらない。それを表現を変えて伝わるようにするのがクリエイティブだと思うのですが、北尾さんはどう考えていますか？

北尾　「凡庸ではない表現でどうやって商品の持つ魅力を世の中に伝えるか」だと思います。

田部　目立つことが重要ですか？

北尾　それも1つあります。ただ「目立つ」にも大きな声が目立つパターンもあれば、小さなひそひそ声だからこそ目立つパターンもあります。いずれにしても見てもらえないことには何も始まりません。幼稚園のときに見たCMソングを今でも歌えるくらい、テレビCMや動画は訴える力を持っています。その一方で、基本的には見てもらえない前提に立った上で、思わず見たくなり、見て得したと思える魅力や興味を引きつける仕掛けが必要です。

田部　クリエイティブの表現で「再現性」のあるアプローチはありますか？

北尾　一番強いのはやはり「共感」です。「その気持ち、私にも分かる」「私も同じように感じる」「なぜ私の悩みを知っているの？」と共感を誘うような気持ちの動かし方が、購買を目的とする場合は視聴者の感情をもっとも動かせるのではないでしょうか。ただし、分かりやすくすでに表面化している感情を単に動かそうとしても、あまり刺さりません。だからこそ「伝えたい便益と共感を得られるポイントとを重ねられるような表現はないかな」と、常に探っていますね。

●── 人間の本性・本音・深層心理を常に考える

田部　どういうことでしょう？

北尾　人は裏側でどういう本音を抱えているのか、人間の本性や深層心理を私はずっと考えています。表面的に出てくる回答をあまり信用していません。顧客インタビューにしても、発言を鵜呑みにするのではなくて発言の裏側を探ろうとします。「なぜ、この人はこの質問にこう答えたのか？」、その表裏一体となっている共感できる本音を発見できるかどうかが重要だと思います。

田部　人が潜在的に感じていたことをいい当てられた感覚ですね。マーケティングの顧客理解もまったく同じアプローチです。

北尾　私は電通に所属していたときに任天堂のテレビCMを担当していて、かなりの本数を制作してきました。クリエイティブのゴールは「ゲームをやりたいと思ってもらうこと」です。それを目指すのであれば、ゲームソフトの新しくて面白そうな部分を映像で見せればいいと考えるのが普通でしょう。しかしそれでは「楽しそうだね」で終わってしまい、購買の強い動機にはつながらないのではないかと考えました。お子さんたちにとってゲームソフト1本は大きな買い物ですからね。

そのときに思いついたのは、ゲームプレーで失敗したシーンを見せることでした。例えばプレー中のマリオが穴を飛び越えられなくて落ちてしまえば、横に座って見ていた友人は「ちょっと待て、俺に代われよ」という気持ちになりますよね。それを、そのゲームの売りとなる新しいシーンを使ってやれば、深層心理をついた共感と、伝えたい便益とを同時に果たせると考えました。

●—クリエイティブジャンプとは「どれだけ多くの人に伝わるか」

田部　北尾さんがクリエイティブディレクターを務めた、ハイクラス転職サイト「ビズリーチ」のテレビCM「即戦力採用ならビズリーチ」も、いいコンセプトを導き出したクリエイティブジャンプの好事例として、本書で取り上げています。

北尾　ありがとうございます。転職エージェント市場ではリクルーターという仲介者が入ることが当時はまだ当たり前でした。一方ビズリーチは、データベースを顧客向けに用意し、採用したい企業側が直接、転職希望者にアプローチして採用活動ができるサービス内容が売りでした。ヘッドハンターがスカウトできる「ダイレクトリクルーティング」という仕組みが新しかったんです。

ただ、ビズリーチの担当者から「ダイレクトリクルーティングの新しさを世に伝えたい」とオリエンを受けても、私は価値があまり理解できませんでした。自分が分からないものは人に説明できません。それで、このサービスを実際に使用されているヘビーユーザーのお客様を紹介してくださいとお願いし、お電話で数名顧客インタビューさせていただきました。「ビズリーチのどこが良いんですか?」と聞くと、「良い人が採れるんです」と、一様に同じことを言うんですよ。さらに「良い人とはどんな人ですか?」と質問をすると「採ったその日からすぐに働ける人です」と。

これこそが訴求すべき便益であり、対象顧客が共感できる裏側の本音だと考え、言い方を換えて「即戦力採用」のワードでクリエイティブを展開しました。

田部　ということは、クリエイティブジャンプとは「人が潜在的に感じていたことをいい当てることができた」ということですか?

北尾　そう思います。特にBtoB向けやビジネス系のテレビCMの場合は、対象顧客がテレビを見る際はリビングのソファでくつろいでいるなど、頭がビジネスモードになっていない可能性が高いので、なおさら平易な言葉でいわないと伝わらないと思います。

●――「弱いヒット」と「Webマーケっぽいテレビ CM」との境界線

田部　高い打率でヒットを打てるようになるポイントはありますか?

北尾　テレビCMをやっていい状態にあるかを検証することですね。世の中に受容されていて、お客様がいて、伝えれば動いてくれるのかが分かっていること。最低限の顧客に伝えれば動くと分かれば、それが一番弱いヒットにはなります。スタートアップは特に、ヒットだけを確実に狙ったほうが良いと思います。あとは放送する本数などでどう増幅させるかの問題になります。

田部　もう1つの観点で、当たるクリエイティブは潜在層である不特定多数が動くということなので、顕在層に向けて作るWebマーケティングで当たっているものを同じようにテレビCMで流すと効果が出ないケースが多いです。大きな成果を上げることができない動画広告は、顕在層にしか刺さっていません。顕在層向けのWebマーケティングと同じことをテレビCMでやってしまっているんですね。マスマーケティングでヒットさせるにはやはり潜在層を動かさないといけないので、今は顕在化していないけれど深層心理にはある「それをいわれたら確かに買う」をいかに発見するか。これを考えることが検索を伸ばす1つのポイントになると考えています。

北尾　なるほど。潜在層を意識するときは、なんとなく社会の風潮や流れを意識することが大事じゃないかと思います。そういうのを入れておくと共感を得やすいというのはありますね。

●──「あなたの課題を解決できます」までしか伝えない

田部　本書は「検索される」ことが1つのテーマになっています。検索されるためには「商品が欲しい」と思ってもらえることが必要ですが、そのために動画広告はどうあるべきだと考えますか？

北尾　検索されるということは気になるということなので、「気にさせる」クリエイティブの設計が必要です。先ほど、15秒ですべてを伝えることはできないといいましたが、仮に伝えられたとしても、すべてを伝えてしまったら検索されない気がします。すべてを説明せず、もうちょっと知りたいと思わせることが大事だと思います。この商品があれば自分の生活が変わりそうだ。具体的にどんな使い勝手なんだろう、確かめてみたい、という心理状況に持っていくイメージです。

15秒のテレビCMで伝えただけで絶対に買いたくなるような商品であれば、それが狙いのクリエイティブでもいいと思うんです。ただ、そんな商品はなかなか出てきません。大抵は15秒では伝えきれないので、検索してもらってWebサイトで知ってもらい、説得する流れの設計にします。

田部　「あなたの課題はこの商品で解決できます」と伝えて、でもその手段がどうなのかまではいい切らないし、いい切れないということですね。何か事例はありますか？

北尾　私が最近携わった、電話代行サービスの「fondesk」のテレビCMの事例がまさにそれです。このクリエイティブは「会社に電話がガンガン鳴って仕事に集中できないと困りますよね。それを解決します。しかも利用料金は月額1万円からできますよ」までしかほぼいっておらず、サービス内容の詳細までは伝えていません。しかしその悩みは多くの企業や人が抱えているだろうし、価格も安そうだから調べてみようかな、となるよう設計しています。

田部　事業側としては全部を伝えたい。けど、15秒で伝わるように絞る必要がある。その一方で絞るほどに分かりにくくなる怖さもあります。絞ったことで本当にこのクリエイティブが分かりやすく伝わっているのか、あるいは伝わっていないのか。判断のつかなさが悩ましいと思っています。

北尾　私はテレビCMの役割は「30分の説明を聞いてみたくさせる手前まで」だと思っていて、そこに徹しています。

田部　その作りにすればもっと知りたくなるし、検索して調べたくなるということですね。

●── 波長の合うクリエイターとお茶をしよう

田部　ここまでのお話を踏まえて、マーケティング担当者がどこまで戦略を作り上げれば、クリエイターとしてビジネスにインパクトのある、検索されるクリエイティブが作れるといえますか?

北尾　逆にいえば、クリエイターに渡す資料をよくある形式に落とし込むことに注力しすぎてしまうマーケターや担当者が比較的多いんです。モデルに当てはめたりフォーマット化した体裁のいい資料を用意してくれたりするんですけど、それはクリエイティブに大事な「余白の情報」がすべて削ぎ落とされてしまっています。クリエイターにはさまざまなタイプの人がいますが、私の場合は余白を含めたローデータ（生の素材）に近いものを一式もらえたほうが、そこに隠されたヒントを見出すことができるんですね。ほかにも、営業担当やマーケティング担当、代表などと直接、コミュニケーションすることで見つかる、行間や表情に隠れている部分が大事だったりします。

中にはテレビCMの視聴者がまるで「商談を聞きに来てくれた人」であるかのように説明をしたがる方もいらっしゃいます。つまり自社サービスへの関心や理解度が高い人に向けたメッセージをテレビCMで届けようとしてしまう。しかし段階としてはまだ早くて、もっと手前の「知ってもらうこと」から考える必要があります。また、自社で動画広告用のクリエイティブを制作する人にありがちなのが、全体的にふわっと体裁良くしようとしてしまうことです。そうではなく一点だけが尖るように、一番いいたいことがどうしたら伝わるか、研ぎ澄ませることが大事です。

田部　あれもいいたい、これもいいたいとつい足したくなって収拾がつかなくなってしまう状態は身に覚えがあります。決めた戦略に沿っているか、ユーザーに刺さるかどうかで決めるべきだということを忘れないようにしたほうがいいですね。最終的なクリエイティブを決定する際に、社員の多数決を採用している企業がたまにありますが、それは良い結果に結びつかないと思います。

北尾　最初に合意したクリエイティブを作っていく途中でブレていってしまう恐ろしい状況が起こらないように、私は「誰に」「何を」に常に立ち返って確認しながら進めるようにしています。

田部　今日のお話をまとめると、終始一貫して、視聴者やユーザーがどう見るか、考えるかを徹底して突き詰めることだと思いました。効果を出せる優秀なクリエイターは、「このクリエイティブを作ったら結果はどうなるのか」「誰からどう見えるのか」をすごく理解している印象があります。

北尾　そうですね。直訳するのではなく、翻訳家に近い意識を私は持っています。英語の表現を日本人に伝えるとしたら、日本の習慣や日本語の慣用に合わせて変換する必要があり、それをできる人が優れた翻訳家だと思っています。同じようにクリエイティブディレクターは、企業のいいたいことを「顧客に対して伝えるならこういう風にいったほうが伝わる」と翻訳している感覚です。

あとは、とにかくクリエイターを信頼してほしいです。もちろん簡単なことではないでしょうが、「この人を信じよう」となって初めてプロジェクトを開始すべきだと考えます。プロジェクトの成功のためには信頼関係が一番大事だと思っています。コンペ形式でクリエイターに企画だけを提出させてみても、自社事業との相性の良し悪しは判断できないのではないでしょうか。一緒にお茶をするでもお酒を飲みに行くでもいいので、自社のクリエイティブ担当の幹部を採用するプロセスだと思って、人を見て本当に任せられそうか判断することをおすすめします。人として波長が合うか、あるいはそのクリエイターが作ってきたものと波長が合うかどうか。「合う・合わない」の相性が一番、クリエイターを選ぶ判断基準として大きく、結果を左右するのではないでしょうか。

田部　貴重なお話を伺えました。本日はありがとうございました。

北尾 昌大（きたお・まさひろ）
クリエイティブ・ディレクターとして日本を代表する企業の世界キャンペーンから、創業間もないスタートアップ企業のブランディングまで、これまで200社以上の企業の広告コミュニケーションに従事。700本以上のテレビCMを制作。電通、Incubate Fundを経て、独立。2018年英Leeds大学にてMBA取得。企業のクリエイティブ・アドバイザーなどを歴任。

第5章

指名検索は〝マーケティングの民主化〟へのステップ

5-1 マーケティングを民主化すべき理由

●─ 集客・販路を自分たちの手の中に

中小企業の74・5％が抱えているもっとも多い悩みは、「集客・販路の拡大」です。私が日頃、多くの中小企業の人たちと接していて思うのは「良い商品を作って売れる企業は多い」のに、「コミュニケーション手段を持っている企業は少ない」ということです。日本には良い商品を作れるメーカーがたくさんあるのに、良い商品を作っただけで満足しているか、あるいは「良い商品さえ作れば自ずと売れる」と思っているふしがあり、機会損失しているのです。

マーケティングを通じて顧客とコミュニケーションする手段を持ち合わせていないか、あるいはその発想すらないのは非常にもったいない状態だと感じています。「お客様の顔が見えていない」と商品の魅力を伝えられないだけでなく、お客様からの反応も効果も見えません。解決すべき課題の仮説が立てられず、集客・販路の拡大につなげられないのです。

モノがあふれている現代において、「商品の良さを伝えるだけでなく、その上で反響を得て次の商品作りに生かす」という好循環を作り出す重要性がさらに増していきます。そのためにはぜひ自分たちの事業を伸ばすために必要な「問い」を立てられるようになっていただきたいと考えています。

問いを立てるとは、解決すべき課題の本質を見極め、未来を切り開く仮説を立てる行為です。聞き慣れない横文字の言葉がたくさん出てくるからか、マーケティングと聞くと小難しいもののように眉をひそめてしまう人がいます。大手企業や広告代理店などの独占的な立場でビジネスをしてきた人たちがノウハウを囲い込んできたため、お金をかけたり知識を蓄えたりしないとできない特殊技能だった時代が長く続いたことの影響もあるのかもしれません。

こうしてマーケティングが誤解されてきたため、正しく意味を理解している人が少ないように感じます。人それぞれがいろいろな解釈をしていて違うことをいい、お互いに異なる概念を抱いたまま会話がすれ違うこともしばしばです。小さなお店や中小企業の人に聞けば、マーケティングという言葉はなんとなく聞いたことがあるか、あるいは理解していない人が大半です。

そんな人たちに向けて「顧客に伝える戦略を何か決めてください」「ヒアリングして、インサイトを見極めてください」と訴えても、「そんなことをしている暇はない」とまるで拒絶反応のような返事が返ってきてしまいます。しかし、実際に行っている事業活動は紛れもなくマーケティングであり、商売そのものです。顧客ニーズを理解して対象顧客を定め、良い商品を作り、魅力を伝える。この意味で私は、マーケティングとは商売そのものだと思うのです。

確かに現状では、難解で分かりにくく、特殊技能を持つ限られた人が頑張って正しい答えにやっとたどり着けるのがマーケティングです。しかも、マーケティングの専門家に依頼すると、高額なことも多いです。

しかその一方で、現状を打破して、ある程度は誰でも簡単にマーケティングができる、分かりやすい状態にしていくべきだと考えています。小さなお店の経営者や中小企業の人たちでもマーケティングをできるようにすること、これがマーケティングの民主化です。

中でも指名検索は、誰でも簡単に把握することができるため、専門的な調査すら必要のない指標です。自社の検索数がどれくらいあって、競合他社と比べてどれくらいの差があるのかを試しに見てみるだけでも初めはいいでしょう。知識がなくても、競合とのポジショニングができるように活用できるのが指名検索です。

日本の企業は約357万社が中小企業で、全企業のうち99・7%を占めています。しかし残念ながら、多くの中小企業でマーケティングはまだまだ民主化されていません。

●── 販路を拡大することの重要性

話を戻します。多くの企業は、売れる良い商品を作れているのに、適切なコミュニケーションが取れておらず、潜在的なお客様から見つけてもらえていないと述べました。その一方で、自社が認知され、サービスの魅力が正しく理解される重要性は劇的に増していて、環境は激変しています。「サードパーティCookie問題」が起こる以前は個人の属性をインターネットが特定してくれたため、インターネット広告はターゲティングが可能でしたが、個人情報保護などWebを取り巻く環境が変化したことでターゲティングができなくなったため、ファネルの入口であるアッパーと中段のミドルを強化しないといけない状況が出てきました。認知されてサービスが理解されないと、次の購買のステップへ進めなくなっています。

誰でもマーケティングができるようにすべき理由の1つに、Amazonや楽天などの「マーケットプレイス依存」があります。これらのプラットフォームはとても便利なので現在の消費者には欠かせない存在なのですが、出店・出品者には広告メニューに多くのお金を出さないと上位に表示されない仕組みになっています。

ここでお伝えしたいことは、マーケティング活動を特定のプラットフォームや1つの販路だけに頼るのは危険だということです。もちろん、こうしたプラットフォームを通して集客や販売を行うことは、選択肢の1つとして大事なことです。一方で、自社流通の手段を確保するなど、もっと売れるようにする方法を身に付けるべきではないかと思うのです。戦略を立てながらビジネスを進め、どうやって販路を作っていくのか。マーケティング活動はすべての企業がやっていくべきことで、企業の存続に関わることです。マーケティングが民主化されるべき理由はここにあります。

5-

2 ノウハウ不足がマーケティングの民主化を阻む

第一歩は顧客を定めて効果を測る「効果測定の民主化」

マーケティングを身に付ける上での最優先事項は「顧客理解」で、それと同じくらいに重要なのが「効果の把握」です。効果を把握して初めて、次に行うべき作戦を練った上で先へと進めるのです。自分たちでマーケティングを民主化する過程には主に2つの段階があり、1つは戦略を自ら計画して考えられるようになる「戦略の民主化」、もう1つは効果を自分たちで測れるようになる「効果測定の民主化」です。この2つは特に、いち早く民主化されるべきだと思っています。なぜこの思いに至ったのか、きっかけはテレビCMを初めて試してみたときの違和感からでした。そのときの経験から「テレビCMを民主化しよう」と考え始めたのです。

ラクスル入社前は大手企業に在籍していたこともあり、周囲のメンバーがある程度は実行してくれて、その人たちをディレクションしていけばマーケティング活動が行えました。ところがラクスルに入ってからは、外部スタッフが使えず、企業サイズの小ささゆえに広告代理店からは見向きもされず、厳しい状況を痛感しました。この経験が、マーケティングをインハウス（内製）にするだけでなく、テレビＣＭもインハウス化することにつながりました。すべてを運用できるように自分たちでマーケティングをやっていこうと志した結果、自社で効果を測定でき、運用を自分たちで回せるようになったのです。

自分たちで運用できた成功体験から、広告主が主体で取り組むことのメリットをたくさん享受でき、同時にラクスルが伸びていく過程を見たさまざまな企業から「どうやってテレビＣＭをそんなに上手く運用できるんですか？」と相談を受けることも多くありました。なるほど、ここにはたくさんのニーズがある。この体験から得たノウハウをもっと世の中に広めたいと思い始めました。

今振り返ると、「テレビＣＭの価格が不透明」「効果が出せない」と思っていたことは間違いだったと分かります。振り返れば、広告主側である私たちがすべてを広告代理店に丸投げして、自分たちで理解しようとしないことに問題があったと反省しています。そうではなく、自分たちで手綱を握り、コントロールできる範囲をグッと広げることによって、広告代理店との適切な関係を築けるようになります。広告主が丸投げをしなければ、効果測定を自ら行えます。これこそまさに「テレビＣＭの民主化」で、効果を自分たちで測れる「効果測定の民主化」につながりました。こうしてテレビＣＭの民主化を広げる支援をしたいという思いで立ち上げたのが「ノバセル」です。

テレビＣＭの効果は見えづらいとずっと思われていたこれまでの常識が徐々に変わり始めていま

す。2018年からノバセルが「運用型テレビCM」を開始以降、効果は可視化され、テレビCMはPDCAサイクルを回す運用が可能になったとの認識が徐々に広まっています。

●─ 最終目標は「戦略の民主化」

ラクスルの印刷物を必要としてくれる顧客の多くは中小企業です。ラクスルの顧客で九州の某コールセンターの企業があります。これまでは人材募集のためにチラシを配布していましたが、あるときチラシ代に費やしていた100万円をローカルのテレビCMに使いました。九州の某エリアでは、テレビCMが100万円ほどで相当数打てるのです。チラシ配布と同じ金額で実施してみたら、テレビCMのほうが高い効果が出ました。地方はテレビCMの放送料が比較的安い。地方の中小企業がテレビCMを上手く活用すればもっと集客ができ、信頼獲得も同時にできる。この事例からヒントを得て、テレビCMを民主化して世の中に裾野を広げていく方向性もあると思ったのです。ただしテレビCMの世界は、かなりの部分がブラックボックスで業界が閉じています。その慣習を変えていきたいことはもちろんなのですが、本来私たちがやりたいのは「マーケティングの民主化」です。中小企業の事業サポートはニーズが高く、事業成長を支えるマーケティング戦略を民主化できると日本企業の成長にもつながりますし、とてもインパクトが大きいと考えています。

マーケティングのノウハウは、元請け企業や大手広告代理店などお金を持っている上流工程の企業にのみたまってしまう性質があります。私はそのノウハウをもっといろんな企業に共有したいのです。指名検索の累積行動はまさにどの企業もためることができ、ためていくほど社員全員が共有できる指標データになっていきます。宣伝になってしまいますが、ノバセルの「ノビシロ」は調査を行うサービスです。認知や購買の調査を正確に行うと一般的に数百万円はかかるのですが、ノビシロは20分2万円ほどで調査が可能です。これは「調査の民主化」で、誰でも簡単に調査を行えるようにするための取り組みの一環です。

このように現在はいろんな取り組みを気軽に行える環境が整ってきているのにもかかわらず、まだまだ多くの企業はお金がないとマーケティング活動はできないと思い込んでいます。

お金がなくてもできることはたくさんあります。マーケティング戦略の民主化でまず始めるべきは、顧客を定めて効果を測ることです。測定しない限り、トライした施策の良し悪しが判断できません。測定を続けることで次の打ち手が見えて、ＰＤＣＡを回せるようになります。すると、マーケティングのレベルがどんどん上がっていきます。

5-3 ノバセルのクリエイティブディレクターの思考法と人材の育て方

問いを投げかけるクリエイティブディレクター

企業の事業成長のために戦略立案を支援するのが、ノバセルのクリエイティブディレクターです。ノバセルのクリエイティブディレクターに求められる思考法と育て方は、マーケターとして今後求められるスキルの要件も含んでいます。

多くの企業ではノウハウだけではなく、人手不足です。人手が足りないために社内でマーケティング活動が行えていません。だから広告代理店に丸投げせざるを得ません。私たちは間を取り、伴走して戦略を一緒に考える支援を行います。インハウスで戦略を考えて自社ですべてを実施できる状態が本来はベストで、広告代理店と対等にプロジェクトを進められる自走状態を目指します。

事業成長や指名検索などのマーケティング戦略をお客様が自ら作れるようになることがゴールなので、ノバセルのクリエイティブディレクターは指名検索のフレームワークに沿って「なぜ」「誰に」「何を」からユースケース、ストーリー作りまで一緒に考えて伴走しながら支援します。

「どんな顧客が何を求めているのか」の課題に対して解決策や「正解」を見出すのがこれまでのクリエイティブの仕事でした。「クリエイティブ」といえばこれまではクリエイティブジャンプできる能力が重要で、0から何かを生み出せる能力が求められていました。

しかしこれからは、例えばＡＩ（人工知能）でも正解が出せるようになっていきます。すると、正解の価値は相対的に下がり、問いを作るほうに価値の比重が移っていくでしょう。

クリエイティブな仕事はすでに、「問いを投げかける仕事」に変わりつつあると考えています。そもそも、指名検索のフレームワークの各要素「なぜ」「誰に」「インサイト」「何を」「バリュー」「コンセプト」――これらはすべて「問い」でもあります。

御社はなぜ存在しているのですか？　誰が対象顧客なのですか？　その人たちは本当にその商品が欲しいと思っていますか？

このようなことを問いかけながら、一緒に作っていくのがクリエイティブディレクターに必要な要素で、よりコーチング型に近づいていくことは間違いありません。

本書でここまでお伝えしてきたマーケティング戦略にしても指名検索の戦略にしても「このフレームワークに沿って答えを出してください」というメッセージを伝えたいのではありません。最終的に目指すべきは仮説を作る力と自ら問いかける能力です。なぜなら、最終的にマーケティングを実行すべきは、コンサルティング企業や広告代理店、マーケティング支援会社ではなく、広告主の人たちだからです。本来は広告主の人たちが本気で取り組むべきことなのに、支援側がフレームワークだけ描いて「はいどうぞ」と渡しているだけの現状があります。あるいは「この内容を実現したければ、当社を入れてくださいね」と情報の非対称性だけを利用してビジネスを行っているのはとても無責任だと思います。

フレームワークだけを渡されても実行できない企業が大半ですし、書籍を読んで見様見真似でやってみてもできるようにはなりません。それほど従来のマーケティングは難しいことなのです。

本書では、検索されるためにはどうするべきなのかの道筋を示し、「なぜ」「誰に」「インサイト」「何を」「バリュー」「コンセプト」の6つを埋めるために自分で問い続けることを提唱しています。マーケターに限らず、マーケティングを担当する人や経営者が、本書に示した内容を身に付けて自ら変わらないと、企業は変わりません。ただフレームワークだけを穴埋めしても、マーケティング戦略は民主化されません。広告主の人たちが使いこなせるように自ら変化する。自立して自ら考えて初めて、民主化は達成されると思います。

●── 指名検索のフレームワークに問いを立て続ける

指名検索のフレームワークの内容を決めた段階でクリエイティブがほぼ規定されることはこれまでお伝えしてきた通りです。ノバセルのクリエイティブディレクターはクリエイティブやメディア選定など表現以前の部分を担い、顧客の事業を理解するために問いを立て、ビジネスを理解し、サービスの顧客のニーズを理解します。これができてやっとクリエイティブ表現の過程に入ります。

天才型の優秀なクリエイティブディレクターやマーケターの中には、フレームワークなしに一発で正しい答えを導き出す人もいます。しかしそんな芸当は真似ができないし、そういう人に頼むとお金がかかります。それなら、再現性を持たせられる確率を高めるほうが企業活動としては良いでしょう。再現性の高い行動とはすなわち、指名検索フレームワークに問いを作り続けることです。この思考法が、自然とマーケティング戦略を身に付けることにつながります。

1人のクリエイティブディレクターを育てるように自らを育てれば、誰にテレビCMを依頼してもある程度の結果が出るはずです。三振にはならずにヒットが打てます。また、広告クリエイターが上手い人ならホームランになる可能性もあるでしょう。

指名検索のフレームワーク、つまり最初の発射点がズレていなければ、大きく外れることはありません。どの場所でもマーケティング戦略を使いこなせる人になれます。

5-4

指名検索からの逆算思考で市場の圧倒的な存在になる

●―自分たちが「一番になれる市場」を決める

繰り返しになりますが、指名検索してもらうことに成功＝ブランディングが成功した状態は、すなわち「〇〇といえば、あなたの会社の商品・サービス」だと認識された状態です。ブランディングが成功し市場の中で圧倒的な存在になると、購入してもらえる確率が高まるのと同時に、次は別のカテゴリーが視野に入り始めます。

局地戦で小さく勝ったあとはより大きなカテゴリーの中での戦いになります。その中でさらに戦略を練り……と、マトリョーシカのような入れ子構造になっています。常に競合他社と周辺のカテゴリーは変化し続ける前提で、そのときそのときのマイルストーンを立てて、到達点に達したらまた最適化を行い、次のマイルストーンを目指す。この繰り返しをイメージしながら、逆算思考していきます。

第一到達点としてどの市場で勝っていくのか。局地戦をどこで挑み、どの範囲内であれば自分たちは一番になれるのか。これを決めて戦略を立てるのが逆算思考です。先述したすき家の事例を思い出してください。すき家は「ファミリー戦略」を採りました。ファミリー層は個人客に比べて回転率が悪く、牛丼界でナンバーワンになろうと思っていたら絶対にたどり着かない思考の典型的事例です。牛丼界の中でセグメントを作り、ファミリー向けの牛丼でナンバーワンになろうと考えて初めてこの戦略に到達するのです。

今後はより一層、一点豪華主義の「シューマイ弁当型化」が進むのではないでしょうか。モノも情報も増え続けている現在では、総合的に何でもできる幕の内弁当型のサービスから、より記憶されやすい一点豪華主義のシューマイ弁当型へシフトしていくでしょう。「何で記憶されたいのか」を決めることがまさに指名検索マーケティングであり、このフィールドであれば指名される確率が高まりそうだと戦略的に決め、認知と購買意向を高めるために段階を踏んで進んでいくことが逆算思考です。

ラクスルの場合は、ワンコイン名刺のラクスル、チラシ印刷のラクスルと段階を経て、ネット印刷会社の中で会員数ナンバーワンとなり、最近やっと「何でも刷れるネット印刷のラクスル」になれました。

このように段階を経るごとに「景色」が変わっていく前提で、事業の範囲を広げていくイメージを持つことが大切です。

第5章

5-5 検索行動から導き出した勝ち筋

戦略は検索されるゴールから逆算する

戦略を考え抜き、実行する順番を守ること。これこそが、検索行動から導き出した再現性のある勝ち筋です。「なぜ」から始めて「誰に」「インサイト」「何を」「バリュー」「コンセプト」に対して問いを作り続け、戦略をブラッシュアップしていきます。クリエイティブ制作とメディア選定は常に戦略立案のあとです。

ただし、単に穴埋めして終わりでは意味がありません。目指すべき方向から逆算思考し、オンリーワンやナンバーワンになれそうかどうかが、戦略として成立するかどうかの成否を分けます。検索されるゴールから逆算したときに、最終的に勝てるイメージを描けているのかどうか。これをまず見極める必要があります。

● 誰に何を伝えたいのか

- **その狙いが顧客に選ばれている状態になっているか**
- **競合が真似しづらいか**

　ここを徹底して考え抜きましょう。この時点で勝敗は決まっています。ノバセルを始めるとき「初めての運用型テレビCMならノバセル」とコンセプトを設定し、これを決めた時点で勝敗はほぼ決まっていたとさえいえます。戦略さえ固まれば、再現性が高い状態でヒットを打てるでしょう。この戦略立案までの過程は、たとえ飛び抜けた才能がない普通の人でも、真剣に考え続ければ再現が可能です。このフレームワークを作っていくことが重要なので、いきなりクリエイティブやメディアに逃げないでください。

　戦略を高めた上で、何倍にもするブースターの役割がクリエイティブとメディアの掛け合わせです。戦略が0なら何を掛け合わせても0。多くの人が、どういうクリエイティブにしようか、どういうメディアで放送しようか、タレントは誰にしようかと手段を先に考えてしまいますが、そうした誤った順番でものごとを進めても、決して上手くはいきません。

　もしクリエイターと組むのであれば、戦略立案を一緒に考えてもらう関係を初めから築いたほうが上手くいくのではないでしょうか。戦略立案からクリエイティブ制作とメディア選定へ。この順番を守ることが、検索行動から導き出された唯一の勝ち筋です。

第5章

5-6 効果の可視化が実現するマーケティングの未来

●━ 自分たちで「問い」を作ることの重要性

プロモーションが複雑化していく近い将来では、丸投げの多発が予想されます。次々と新しいメディアが増え、年齢によって見られるメディアが異なり、かつてのようにテレビCM一発の投下でみんなが知る時代も、テレビとWebマーケティングさえやっていれば良かった時代も終わりました。企業のプロモーションの難易度がどんどん上がっていることは、これまでお伝えしてきた通りです。私が危惧している大きな問題は、より「丸投げ関係」が進んでしまうことです。広告が複雑化することで、課題の曖昧さが増してしまい、自分たちで戦略を立てられないためにより一層丸投げ化が進んでしまうのではないか……。しかしそうなることは本意ではありません。

そのような危惧の念を抱く一方で、10年後も20年後も30年後も、戦略立案の重要性は変わりません。むしろChatGPTのようなAIの登場により、答えを出すことの民主化はさらに進み、自分たちで問いを作る重要度が反比例して増していきます。「私たちの会社は何なのか」「どういう方向を目指してやっていくのか」と、問いを作る側になりましょう。

残念ながら今後ますます丸投げする企業は増えると思っています。しかし丸投げしても絶対に上手くいきません。戦略を考えるために問いを立てることは、それほど重要だからです。

戦略を基に答えを出すのはＡＩによって民主化される一方、戦略を考え、問いを立てることの民主化は起きにくく、残り続けると考えます。むしろ、戦略の正しさを検索という指標を使ってリアルタイムに検証し、戦略を変化させていくことも合わせて重要になっていくでしょう。

本書は、答えを出すアドバイスを送るための指南書ではありません。他の企業の事例をいくつ見ても、意味はありません。かつては、答えを先に見て答えを覚えていく受験勉強のような進め方が勝ちパターンでした。しかしその方法は今後、何の勉強にもなりません。問いが変化していくのに解だけを知っていても意味がないからです。むしろ今後はますます「問いを作ること」にしか価値がなくなっていきます。

「答えを出すことは民主化される」と見越した上で今磨くべき考え方は、問いを投げかけて問いを作ることです。「どうやって検索数を上げるのか」が本書の最大の問いです。どうしたら指名検索のフレームワークの６つが良くなるのかを問い続けてください。真のマーケティングを身に付け、商売を自分たちの手中に収め、事業を右肩上がりに成長させてください。

そのために、指名検索マーケティングの戦略を考えるための問いをぜひ作り続けてください。

対談

高岡 浩三氏

ケイ アンド カンパニー株式会社 代表取締役社長

マーケティングは顧客の問題解決

●―― 顧客の問題解決こそがマーケティング

田部　日本で使われるマーケティングという言葉の定義が幅広いと感じています。ネスレ日本で革新的なサービスを生み出した高岡さんは、マーケティングをどのように定義していますか？

高岡　私は40年ほど前にネスレ日本へ入社して以降ずっとマーケティングに携わってきました。マーケティング活動が上手くいき、成功した理由を考えた際に思い当たったのが「お客様の問題解決」に向き合うことでした。それ以降は「顧客の問題解決を行うことで付加価値を作るプロセスや活動」をマーケティングと定義しました。この定義を基に、あらゆるマーケティング施策や経営に応用すると、すべて説明がつくようになったんです。現代マーケティングの第一人者である経済学者のフィリップ・コトラー先生にこの話を共有したら認められ、お墨付きをもらえました。こうして誕生したのが共著『マーケティングのすゝめ』（中央公論新社、2016年）です。顧客の問題解決こそがマーケティングだと定義すれば、間接部門にも顧客があり、顧客へ付加価値を提供するために仕事をしているといえますし、すべてに説明がつきます。

顧客の問題解決をさらに分解すると、「イノベーション」と「リノベーション」に分けられます。イノベーション（革新）は顕在化していない問題を見つけて、解決して初めて生まれます。ただし難易度が高く、イノベーションはめったに生まれません。

一方のリノベーション（改修）は、市場調査を通じて行われることからも分かるように、基本的には顕在化した問題の解決です。市場調査から生まれた状態はほとんどがリノベーションで、リノベーションしてもイノベーションは起こり得ません。経営学者のクレイトン・クリステンセン著『イノベーションのジレンマ』（翔泳社、2000年）にも最初に「破壊的イノベーション」が起こり、そのあとに「持続的イノベーション」が連続して起こっていくと著されています。

例えば、扇風機。エネルギーの主役が電気や石油に移り変わった1800年代後半の第2次産業革命が起きて以降、初めて家電が生まれ、ボタン1つ押すだけで風が吹いて涼しめる道具が誕生しました。何万年と続いてきた人類史上、涼むために使われてきた扇子やうちわという道具に明らかなイノベーションが起きました。扇風機の誕生以降は、顕在化した問題を解決すべく、扇風機の首が回転したり、羽のない扇風機が誕生したりしました。

最初の発明以降は、クリステンセン教授がいうところの持続的イノベーションで、私のいうリノベーションです。つまり、イノベーションが起きたあとはリノベーションの連続なんです。

●── 日本の企業がマーケティングをできない理由は？

田部　マーケティングを「顧客の課題解決」の定義で捉えたり、経営の一環であると捉えたりした場合、多くの日本企業でマーケティングができない理由はどこにあるのでしょうか？

高岡　マーケティングが不要で、マーケティングを使わないでも成長できた時代が長らく続いたからだと思います。日本は先の大戦に敗戦して以降、アメリカの資本主義を導入しました。一般的に新興国として発展していく場合、投資家がいないので外資に頼らざるを得ません。そのため、ネスレはどこの国でも食品業界では1位か2位。3位以下のほうが珍しいのですが、日本では20位に入るかどうか。P&Gは花王の足元にも及ばず、コカ・コーラはサントリーに敵わない。日本で日本の企業しか大きくならなかった理由が分からず、疑問に思っていました。

いろいろ調べると、日本が外資に頼らずに戦後復興したアイデアが「メインバンクシステム」でした。銀行が大株主なわけです。人口が増えたため国内需要が増え続け、人件費は世界的に見ても安い。外国の製品をモノマネしてリノベーションしてクオリティを高めれば、コストが安いので輸出で稼げました。これが日本の高度成長期からバブル崩壊までの勝利の方程式だったのです。

こうした構造の副作用として、顧客の問題解決という真の意味でのマーケティングが必要のない状態が長く続きました。マーケティングを使わなくとも成長できてしまったため、90年代初頭のバブル崩壊以降、競争力がなくなりました。大きな成功体験のあと今日まで「失われた30年」に陥ったのは、外国企業から学ばない慢心ゆえだと私は理解しています。

田部　最近はマーケティングの重要性が認識され始めているとも感じます。真の意味でのマーケティングが浸透しない理由は、製品に対するリノベーションが求められていたり、マーケティング部門は製品を売るミッションだけを与えられていたりする問題にあると思うんです。

高岡　おっしゃる通り、そうした旧来のマーケティングの定義は20世紀の遺物だと思います。イノベーションは産業革命と密接に関わっていて、今まで諦めていた潜在的な問題を解決できるようになるということは、今まで人類が手にしていなかったような技術を手にして初めて起こるものです。第1次産業革命で石炭エネルギーを手にし、蒸気機関により織機や汽車、蒸気船へと発展しました。さらに百年後に第2次産業革命が起こり、石油と電気の発明により爆発的なイノベーション

第5章

が起こりました。車や飛行機、家電製品など、1900年代の100年間である20世紀のイノベーションは、石油と電気に関わる部分が大きいのです。

その後はリノベーションの歴史に入っていきますが、80年代にコンピュータが台頭し始め、デジタルの時代になりました。21世紀にイノベーションを起こす要因はAIとデジタルです。これによってこれまで解決できなかった問題を解決できるようになるでしょう。この流れにも日本企業は乗り遅れました。日本で時価総額トップ（2023年6月現在）のトヨタ自動車でさえ、世界では50位に入るか入らないか。イノベーションに乗り遅れた。この一言に尽きるのではないでしょうか。

田部　マーケティングの現場では「差別化」という言葉が頻出しますが、日本では多くの場合「AよりもBが良い」と比較優位であることを指しています。一方でグローバル企業の人と話をすると、価値が違うことを差別化と呼んでいる。この差はかなり大きな違いだと思います。

高岡　そうですね。それこそがおそらく、リノベーションとイノベーションの差でしょう。イノベーションが起きた直後は確かにリノベーションが重要で、だから昭和時代の高度成長期はリノベーションだけで良くて、売上を伸ばせました。しかし持続的リノベーションにも、成長期と衰退期があって、行き着くところまでいくと売上や利益に貢献しなくなります。石油と電気のイノベーションから100年も経った現在は、リノベーションの衰退期に入っているといえます。1980年以降に登場した次のイノベーションであるAIやデジタルで何をするか、仮に現在はリノベーションの段階であっても、成長期にいると捉えておくことが大事ですね。

●── 新しい現実から新しい問題を発見する

田部　イノベーションはどういう経験を積んでいれば思いつきやすくなるのか、コツはありますか？

高岡　私の経験では「新しい問題はないか」と自分の頭で考え続けることしか、イノベーションを起こす方法はないと思います。あるいは個人の気質によるところが大きい。私は20世紀の日本で唯一起きたイノベーションはソニーの携帯音楽プレーヤー「ウォークマン」のみと思っています。

ウォークマンは1979年に誕生しましたが、あの時代は、室内に置かれたオーディオセットでしか音楽が聴けないものだとみんな思っていました。ところがウォークマンは、外を歩きながら聴くことを可能にし、退屈なときでもいつでも音楽を聴きたいという願いを問題解決したのでした。

創業者の1人で当時は名誉会長の井深大さんが、飛行機で出張する際に音楽が聴ける製品を作ってほしいと、オーディオ事業部長に持ちかけたことがきっかけでできた試作品に「これは面白い」と、同じく創業者の1人で当時会長の盛田昭夫さんが開発をスタートさせました。あの時代の飛行機にはエンタメ機能はまだ備わっていません。機内では新聞や雑誌を読むくらいしか過ごし方がなかったのですが、普通の人はその状態を「しょうがない」と受け入れていたのです。みんなからは諦められていた問題解決を、井深さんと盛田さんの2人は諦めませんでした。これはもう個人の先天的な気質の問題である可能性が高いでしょう。

　イノベーションによる新しい現実のあとには必ず新しい問題が出てきますが、それを見抜くには「新しい現実から新しい問題を発見する努力」を常日頃から続けておく必要があります。

田部　高岡さんは現在、企業の社長を対象にマーケティングのアドバイザーをしています。企業の中で新しい課題を発見して、それを解決するためのマーケティングを意識して始める方法をどうアドバイスしていますか？

高岡　「新しい現実に気づかせること」ですね。例えばテレビ広告の新しい現実があります。今ではテレビリモコンに30秒のスキップボタンがついて、広告を観たくない人の問題を解決したから使う人が増えました。YouTube動画に差し込まれる広告が観たくなければ、お金を払えば表示されなくなります。これもまた、新しい現実と新しい問題解決です。

　今でこそ、ネット広告費はテレビ、新聞、雑誌、ラジオのかつての4大マスメディアの広告費を抜きました。しかしこのままでネット広告は安泰なのだろうか、広告を見たくない人へアプローチできる広告の手法を開発しなければいけないのではないか。こう考えるのが新しい問題解決です。

　広告はクライアント側にとって良いことしかいわないし、以前よりも広告の力が弱くなっているので、むしろPRのほうが重要になっています。利害関係のない人からのメッセージへと移ることで、信憑性と説得力が高まる。これが新しい時代の新しい問題解決ではないかと思っています。

●― マーケティングは「利益を追求する」社長の仕事

田部　ネスレ日本にいたとき、プロモーションについてはどのように考えていましたか？

高岡　私はネスレ日本でブランドマネジャーやマーケティング本部長を、2010年から代表取締役社長兼CEOを務めました。その中で、私はプロモーションを否定してきました。チョコレート菓子「キットカット」の売上が80億円くらいのときに、テレビ広告を年間30億円は使っていました。その後、利益率数％から25％まで持っていくことになります。

すでに「Have a break, have a KitKat」のスローガンやブランドの認知は99％以上あり、それ以上にテレビ広告を打っても売上と利益は増えないことははっきりしていました。それで完全にPRへと切り替えて、メッセージを人の口伝えに口コミで広めたいと考えたのが「受験生応援キャンペーン」です。最初はお客様が「キットカットはきっと勝つ」と受験のお守りに使い始めてくれたことから始まっています。これをネスレからのメッセージとせず、自然に広めていく方法を考え、受験会場のゴミ箱にキットカットの空き箱を置きにいくところから始めて、大きな話題に。それで2003年から「受験生応援キャンペーン」を展開して大成功しました。マス媒体の広告を止めてPR戦略に大きくシフトした事例です。これで売上5倍、利益は10倍になりました。

田部　多くの企業では、まず広告予算ありきで年間10億円使いましょうと決まっていて、あとからその配分をどうしようかと考えていたりします。でも今のキットカットの事例のように、0から考えれば新しくて面白いアイデアが出てくるかもしれませんね。

高岡　そうですね。だからマーケティングは社長の仕事で、マーケティング＝経営だというのは、この事例の通りなんです。マーケティングをしていない会社ほど、決められた予算ありきでプロモーションを打っている。広告予算ありきの意思決定は、利益を追求すべき民間企業のそれとはとても思えません。受験キャンペーンの当時、私はまだキットカットの子会社のマーケティングの本部長でしたが、それでも売上と利益の責任は持っていました。そうすると「利益を出すためにはどうすればいいのか」から思考が始まるわけです。顧客の問題を解決すると同時に、予算をかけずに実行できなければ利益になりません。一般的には一マーケティング担当や広告宣伝担当者は利益の責任を負っていないので、経営者が考えないとこのような発想は出てきません。

田部　やはり利益を追いかけることが重要だということですね。

高岡　そうですね。日本は株主によるガバナンスが効いていないので、部下や経営企画室にすべてを任せている経営者が多く、プロの経営者がほとんどいません。

外資企業はとにかく毎年コストダウンするし、売上よりも利益のほうが優先。広告費の費用対効果だけで数字を見ているのは日本企業だけで、外資企業は、広告費が効率よく使われているのかが問われるし、同じ広告費を使っているなら翌年の利益は増えていないとアウトです。

マーケットプレイスのAmazonも楽天も頼らず、自社で作った商品は自社で売ろうと考えたのが、ネスカフェ アンバサダー（※）で、利益率は60％です。

田部　最終的な純利益を追求する前提があって、そのためには付加価値の高い商材を開発し、利益率を高める一方で、経営を工夫してコストを下げる。この2つが大事です、と。すると、他社と同じ製品を作っても、価格競争をしてもしょうがない。顧客の課題を新しく解決するような差別化された商品を作っていかないと、利益が上がらないという考え方なんですよね？

高岡　そうですね。その意味では、間接部門も劇的にコストダウンができます。コロナ禍の前にネスレ日本ではホワイトカラー・エグゼンプション（労働量ではない成果給）を導入し、コロナ禍では3分の1がリモートワークになりました。そこで不要になった空間は解約し、オフィスの経費が3分の2になり、年間1億5千万円分ほど固定費がカットできました。これは人事のイノベーションであり、経営者層にマーケティングの発想があるかどうかで変わってきます。

●━ メッセージの伝え方にもイノベーションを起こす

田部　加えてマーケティング施策において、打ち手に対する効果の見える化を本来は行うべきなのに、多くの企業はやってこなかったと思うんです。広告の費用対効果もかなり曖昧です。

高岡　まさにノバセルがその問題解決をしているのだと思いますが、本来は、効果（結果）と人事評価がもっと結び付いているべきです。MBO（Management by Objectives：目標による管理）により、プロモーションが利益に貢献しているのかどうかすべてが数値化され、その結果が人事評価に結びつくようにできればいいのですが、ほとんどの企業がまだできていません。それもこれも、利益率が低いのも、プロの経営者がいないことの弊害です。

田部 広告代理店に広告運用のすべてを丸投げする商習慣もまだ変わっていないようです。

高岡 広告代理店のコミッション制（売上に応じた手数料制度）も日本だけです。私はそれをフィーシステム（成果報酬制）にしました。そうすれば、お互い費用対効果を追わないわけにはいきません。

田部 一方で、効果の可視化や、破壊的イノベーションに対して抵抗を感じる人もいますよね。

高岡 もちろんです。一番の抵抗勢力は社内であることが多いですから、社長がマーケティングを理解して、トップダウンで進めるしかありません。社長は人事権がありますから、強烈なリーダーシップで改革を進めるしかない。株主総会で決議をしなくても取締役は解任できます。その意味でも社長自身を変革するのがもっとも重要で、だから私は社長のアドバイザーをやっているんです。

田部 広い意味で、商品を売るだけではなく会社全体の仕組みを含めて、社長がマーケティングの視点を持つということですよね。広告業界に絞ると、今後どうなっていくと考えていますか？

高岡 ますます多様化していくでしょうね。私はテレビ広告から離れましたけど、新商品のプロモーションには今でも効果があると思う一方、キットカットのようにブランド認知が高い商品でテ

※職場やコミュニティに「ネスカフェ」のコーヒーメーカーを無料で貸し出し、専用のコーヒーカートリッジの定期購入と代金回収は「ネスカフェ アンバサダー」と呼ばれる職場やコミュニティの代表者に協力してもらうサービス。

レビ広告を打ってもあまり意味がありません。2003年には、キットカットの日本発売30周年を記念して、岩井俊二監督に制作をお願いした短編映画『花とアリス』をWebサイト上でネット配信しました。今なら同様の施策として、TikTokの10分間の枠にショートムービーが流せるでしょう。こうしたメッセージコミュニケーションが多様化していくと思います。

田部　だから、広告代理店がすすめてくる枠にはとらわれずに、自分たちが伝えたいメッセージを自分たちで考えて、伝え方もイノベーションを起こしていかないといけない。

高岡　そうですね。ビジネスモデルと広告がより一体化してセットになっていきます。例えばテスラはディーラーがなく、100%オンライン販売です。そのため、テレビ広告を打たなくても売れます。一方トヨタ自動車は今でもディーラー網を持っていて、その分の固定費がかかっています。試乗してアフターケアを行うためには必要ですが、新車販売のためのディーラーはもう不要ではないでしょうか。逆にいえば、ディーラーをやっているから、テレビ広告もやっている。もしビジネスモデルをデジタルメインに変えたら、ネットにシフトしていき、広告のあり方も変わります。

大手広告代理店が現在進めているのが、DX支援です。クライアントがDXをすれば、ネット広告が増えるからです。ビジネスモデルと広告がセットになる意味では、ますますネットのコミュニケーションが重要になることは間違いないでしょう。

いずれにしても、マーケティングで解決しなければいけない問題は、経済だけでなくNPOや政治の中でも渦巻いているように思います。「顧客の新しい現実から来る問題解決」という考えをとにかく日本に普及させたいと、強く願っています。

田部　ありがとうございました。

高岡 浩三（たかおか・こうぞう）

1960年3月30日大阪府生まれ。1983年ネスレ日本（株）入社、各種ブランドマネジャー等を経て、ネスレコンフェクショナリー（株）マーケティング本部長として「キットカット受験応援キャンペーン」を手がける。2005年ネスレコンフェクショナリー（株）代表取締役社長に就任。2010年ネスレ日本（株）代表取締役副社長飲料事業本部長として新しい「ネスカフェ」ビジネスモデルを構築。同年11月より2020年3月までネスレ日本（株）代表取締役社長兼CEO。10年間の在任中に、ネスレ日本をネスレグループの先進国マーケットで最も成長率と利益率の高い会社に育て上げる。2014年、自身が手がけた「ネスカフェアンバサダー」が第6回日本マーケティング大賞を受賞。2014年よりワールド・マーケティング・サミット・ジャパンカウンシル代表。同年「The Internationalist」による「37 OUTSTANDING MARKETERS NAMED INTERNATIONALISTS」に選出。2016年コトラービジネスプログラムプレジデント就任。2017年11月より早稲田大学ビジネススクール国際諮問委員。2017年5月よりケイアンドカンパニー（株）代表取締役としてDXを通じたイノベーション創出のプロデューサーとして活躍。ネスレ退任後、サイバーエージェントなど数社のマネジメントアドバイザーと社外取締役を務めるとともに、自ら「高岡イノベーションサロン」というイノベーション創出に特化したサロンを主宰する。

おわりに──マーケティングの民主化を実現するために

ノバセルは「マーケティングの民主化」をビジョンに2018年からスタートしましたが、まだ道半ばです。目指すのはマーケティングの考え方を「誰でも使える」状態にしていくことです。

マーケティングの4Pでいえば、プロモーションはその中の1つの要素でしかありません。本来、一番重要なのはプロダクトです。良いものを作ることはもっとも大事ですが、一方で良いものが必ずしも売れるとは限らない時代です。ここで役立つのが「指名検索」なのです。ラクスルは、数あるネット印刷の中で選ばれることより、「チラシ印刷ならラクスル」と純粋想起していただくことにずっと取り組んできました。これからは比較されるのを待つのではなく、自分たちが何者か、サービスの独自性が何なのかを伝えていかないと、生き残っていけません。日本経済を元気にするためにも、このようなマーケティング戦略を民主化し、日本企業の99％以上を占める中小企業に広げる必要があると思っています。

マーケティングでもっとも重要なことはお客様が本当に求めているものを見抜くことができる、ということ。ラクスルには行動指針の1つに「Reality──高解像度」というものがあります。特に、マーケティング領域に関わるメンバーの間では「顧客の解像度」を非常に重要視しています。私が日々伝えているのは、解像度を上げていくと「多くの人には見えていないが、実際にはあるもの」

が必ず見えてくるということ。これを見つけられる力がマーケティング能力であり、本質的な力だと思っています。その力をもとに、自社の都合を排除して「お客様が本当に求めているのはこれではないですか」と言える人が真のマーケターです。そうしたマーケターが少ないのは、インターネットビジネスが増えたことで、実際にお客様と接していないマーケターが非常に多くなっていることも起因しています。生身のお客様のことがよく分からないから、手法の話に偏っていく。個々の手法については詳しくても「自社のサービスを選んでいる人は、どういう人ですか」「どんな理由で、サービスを選んでいると思いますか」といった質問をすると、答えられなくなってしまうのです。

マーケティングは投資である以上、成果を判断する指標は事業成長しかありません。だから成果もそこにどれだけ貢献したかで判断すべきというのが私の考えです。ところがマーケティング業界では、認知率やＣＰＡといった下部指標だけを見て話を進めたり、評価をしたりしてしまうことが少なくありません。残念ながら、事業成長に関心が薄く、それ以外のものを追っている人がマジョリティです。これはおかしいのではないかと強く思っています。セールスの世界では、売れない人が評価されることはありません。マーケティングも本来的にはそうあるべきだと思います。

所属している会社の事業成長とは何なのかということや、自分が今やっている仕事は本当に事業成長につながっているか、ということを、常に自分に問いかけていく。それが１円に執着するという話にもつながります。大切なのは、「どのように事業をやっているのか」という方法ではなく、「なぜこの事業をやっているのか」「どんな意味があるのか」の意義の面です。いわゆるビジョン・ミッション・バリュー、最近はパーパスといわれています。これがないと企業としての差別化が生まれません。本著でも「なぜ」が大事だと何度も申し上げてきました。

そしてその事業に熱狂するためにもっとも大切なのは成長のループです。事業を成長させる過程で、その人も成長する。組織が大きくなり、さらに会社も成長していく。成長さえ作れれば、人はその事業を魅力的に思うし、熱狂する。事業も個人も成長していなければ、どんなに意味のあることをしていても、やりたいことをやっていても、魅力を感じなくなっていきます。そう考えたとき、マーケティングという仕事の良さは、その「成長」を自分たち自身で作れることなのです。自分たちが事業を成長させ、関わっている人自身も同時に成長する。その成長が熱狂を生んで、さらにその先を目指していける。素晴らしい仕事です。もちろんマーケティング以外にも事業成長の要素はあります。ただ、成長の角度を作ることに誰よりも最前線で向き合うことができる、幸せな仕事だと思っています。

本著を読んで「事業を成長させるマーケター」を志す人が1人でも増えることが、マーケティングの民主化につながると信じています。

2023年8月　田部 正樹

著者プロフィール

田部 正樹（たべ・まさき）

ノバセル株式会社代表取締役社長 兼 ラクスル株式会社上級執行役員 CMO
1980年生まれ。中央大学卒業後、丸井グループに入社。主に広報・宣伝活動などに従事。2007年テイクアンドギヴ・ニーズ入社。営業企画、事業戦略、マーケティングを担当し、事業戦略室長、マーケティング部長などを歴任。2014年8月にラクスルに入社。マーケティング部長を経て、16年10月から現職に就任。18年より、これまでのラクスルの成長を約50億かけてドライブしてきたマーケティングノウハウを詰め込んだ新規事業、運用型テレビCMサービス「ノバセル」を立ち上げる。22年2月分社化、ノバセル株式会社の代表取締役社長に就任。

ブックライター　山岸 裕一
ブックデザイン　山之口 正和＋齋藤 友貴（OKIKATA）
DTP　株式会社 明昌堂

ブランド力を高める
「指名検索」マーケティング
顧客の検索行動を決める、動画広告の活かしかた

2023年8月30日　初版第1刷発行
2024年8月 5 日　初版第2刷発行

著　　者　田部 正樹
発 行 人　佐々木 幹夫
発 行 所　株式会社 翔泳社（https://www.shoeisha.co.jp）
印刷・製本　株式会社 加藤文明社印刷所

ISBN978-4-7981-8148-6　Printed in Japan